Salvatore Giannella

MICHELE FERRERO

Condividere valori per creare valore

SALANI EDITORE

ISBN 978-88-310-1675-9

Prima edizione: aprile 2023
Quarta ristampa: maggio 2023

Per essere informato sulle novità
del Gruppo editoriale Mauri Spagnol visita:
www.illibraio.it

I proventi del libro spettanti a Ferrero saranno interamente devoluti a favore della Fondazione Ospedale Alba-Bra Onlus, che sostiene il nosocomio intitolato alla memoria di Michele e Pietro Ferrero.

Gruppo editoriale Mauri Spagnol, Milano
www.salani.it

Ai tanti cronisti che volevano intervistarlo, Michele Ferrero rispondeva negandosi con gentile fermezza. Per questo, ricostruire la vita di un uomo simbolo dell'eccellenza imprenditoriale italiana che, grazie alla sua genialità, ha creato un'impresa oggi presente in cinquantacinque paesi, con stabilimenti in cinque continenti e prodotti commercializzati in tutto il mondo, è stato un impegno narrativo arduo ma entusiasmante.

Arduo perché l'uomo ha fatto della discrezione la regola («*dis lu a niun*», non dirlo a nessuno, era una delle sue espressioni favorite); entusiasmante perché ha permesso di illuminare l'umanesimo imprenditoriale del protagonista di un'impresa familiare che ha retto alla grande crisi, che crea ricchezza con onore e la distribuisce con equità; che mira al profitto non con l'approccio spietato del capitalismo predatorio e rapace, ma secondo la logica, per dirla con le sue parole, che «fare del bene a sé fa bene anche agli altri».

Mi hanno accompagnato in questo viaggio nel tempo e nello spazio le parole di Dino Buzzati: «La prima, sicura regola del mestiere di cronista per far scendere i grandi uomini e le grandi donne dal loro piedistallo così da farli apparire comuni mortali, quali infatti sono, consiste nell'andare sul posto del personaggio da raccontare, raccogliere la massima quantità possibile di testimonianze, di citazioni e di note, tampinare una quantità di persone, rendersi invisi per l'insistenza, sgobbare: insomma, scavare».

Le difficoltà evocate da Buzzati non mi preoccupavano. Solo che, in questo caso, si trattava di ricostruire non tanto la biografia di un imprenditore, sia pur eccellente. C'era da raccontare un mito. L'economista e storico piemontese Giulio Sapelli mi aveva avvertito: «Dovrà venir fuori, se lei accetta l'incarico, una *mitobiografia*». E Gian Luigi Viglino, uno dei tanti 'ferreriani' da me intervistati, conferma: «Abbiamo avuto la fortuna di vivere di fianco a lui per quindici anni e, siccome non si può clonare il genio, si può ovviare evocandolo in un racconto mitico». Era la convinzione anche di Luigi Anolli, filosofo e psicologo dello sviluppo: «Con Michele Ferrero siamo di fronte a miti che hanno determinato una rivoluzione copernicana della cultura, dello stile alimentare e della qualità della vita degli europei».

E allora avanti nel ricostruire per la prima volta il romanzo della vita di un italiano da esportazione caratterizzato da abitudini quasi monacali: niente interviste, niente visibilità, niente culto dell'immagine. La riservatezza, con la fede religiosa e l'amore per la qualità, è stata la cifra della sua esistenza. Ho provato a scavare nel suo passato di uomo, mettendo in luce allo stesso tempo la filosofia imprenditoriale e l'organizzazione del lavoro del 'signor Michele', come preferiva essere chiamato dai suoi dipendenti e collaboratori.

Sono grato ai tanti intervistati – alcuni dei quali purtroppo ci hanno lasciato dopo la lavorazione di questo volume – che, avendo vissuto con lui parte di questa grande storia, mi hanno permesso di condensarla in una ricostruzione che fa spesso ricorso alle loro parole. Devo molto anche a colleghi che hanno dedicato studiosa attenzione a Michele Ferrero, alla sua azienda e ad Alba. Infine, ultimo ma non meno importante, il ringraziamento sincero per il costante incoraggiamento ricevuto va a Maria Franca Fissolo Ferrero, compagna di vita e di lavoro di Michele, e al figlio Giovanni, che tiene salda e viva l'ispirazione e la motivazione sociale fortemente condivisa con la famiglia.

Salvatore Giannella
Alba, febbraio 2022

1
Abbiamo vinto, papà!

Alba, 19 dicembre 2013

«Oggi mi piace raccontarvi com'è nata la Ferrero e come io ho cominciato. Siete d'accordo nel sentire questa storia?»

Un sì unanime si alza nell'auditorium. È una giornata fredda, ma nella Fondazione dedicata a Piera, Pietro e Giovanni Ferrero c'è il calore delle tradizionali vigilie di Natale. A rendere questo evento memorabile è l'uomo dai capelli candidi come la neve che tra lo scrosciare degli applausi si appresta a pronunciare il suo discorso di auguri.

Lui è Michele Ferrero, genio del 'fare' italiano, inventore di prodotti di enorme successo come Nutella, Kinder, Ferrero Rocher, Mon Chéri, Estathé, Fiesta e Tic Tac: prodotti diventati marchi familiari e riconosciuti in ogni angolo del pianeta grazie ai quali il Gruppo che porta il suo nome è passato dai mille dipendenti degli anni Cinquanta ai quattromila degli anni Sessanta, per poi salire a diecimila nel 1990, fino agli attuali 41.441 in tutto il mondo.

Dietro il sorriso dell'imprenditore si nasconde il desiderio di venire meno, per una volta, alla riservatezza che ha segnato la sua intera esistenza. Nessuno ancora lo sa, ma oggi, a ottantotto anni, il 'signor Michele' si appresta a raccontare un capitolo della sua vicenda personale: l'inizio della storia, datato 14 maggio 1946, il giorno in cui nasce ufficialmente la *Ditta Individuale P. Ferrero, fabbrica di cioccolato, torrone e dolciumi vari.*

Michele inforca gli occhiali scuri e in un silenzio carico di aspettative comincia a raccontare alla platea.

«Noi eravamo una famiglia che dalle Langhe s'era trasferita a Torino. Mio padre Pietro decise di trasferirsi ad Alba durante la Seconda guerra mondiale perché Torino era bersaglio di bombardamenti aerei in quanto la Fiat produceva materiale di guerra. Ad Alba, mio padre aveva comprato un piccolo hangar, un laboratorio di venti, trenta metri in tutto, su cui aveva messo la scritta *Cioccolateria Ferrero* e aveva cominciato a fare cioccolatini. Io lo aiutavo un po', ma non ero quasi mai lì, in fabbrica, perché con tre operai non c'era molto da fare.

Era tempo di guerra e lo zucchero scarseggiava, lo si vendeva alla borsa nera e costava carissimo. Ma mio papà, che era geniale, trovò il modo per estrarlo dalla melassa, un sottoprodotto della birra. Comprò una centrifuga e ottenne da quella melassa il sette per cento di cristalli di zucchero. E con quello zucchero e un po' di pasta densa di nocciole inventò la Pasta Gianduja, che mio zio Giovanni, che era un grossista che sapeva commerciare, iniziò a vendere in tutte le Langhe. Per molto tempo le persone erano a corto di tutto, e questo prodotto profumava di nocciole. Quando la guerra finì, mio padre cominciò a chiedersi perché io non ero mai stato lì.

'Ma, scusa, tu dove vai tutto il giorno? Ma cosa ne faccio di te, che tu sei sempre a bighellonare, quando c'è una partita di football o di pallone elastico vai a vederle, quando c'è un film vai al cinema... Sei sempre in giro e quindi non sei mai nel tuo ufficio, al lavoro. E allora ti dico una cosa, ti voglio offrire una nuova opportunità. Ti nomino rappresentante di Asti!' E Asti era già una conquista, come se dovessi conquistare un nuovo continente. Così ho abbracciato mio padre perché era un grandissimo onore. Io ero così giovane...

'Ti do questa piccola automobile, una Topolino, un biglietto da visita con il tuo nome e il tuo titolo sopra: Michele Ferrero, venditore esclusivo per la città di Asti (l'ho guardato e mi sono detto, sono io, eh!) e trenta chili di Pasta Gianduia'. Così sono partito da Alba per Asti pieno di speranza di fare.

Man mano che arrivavo, perdevo il mio coraggio perché ero tanto, tanto, tanto timido, veramente un super-timido. Quando sono arrivato in città, vado subito alla prima panetteria che trovo, c'erano tre gradini da salire e io sono inciampato. Quando sono arrivato ho visto un signore con la barba incolta e gli occhietti terribili che mi scrutavano.

'Che cosa vuoi, bel *fanciot*?'

Io non ero capace di mettere in ordine le mie parole, inciampavo sempre, e lui mi spronava: 'Mi dica, ragazzo, mi dica...'

Io ho balbettato: 'Due biove, due panini, per favore'. E andai via. Ma non devo arrendermi, mi dissi, nonostante la mia timidezza infinita.

Ho trovato un altro panettiere, sono entrato nel negozio e, oh Madonna, era di nuovo un uomo! Con due dita di barba, occhi spalancati...

'Ma che cosa vuole?'

Ho balbettato di nuovo: 'Mi dia due biove, per favore'.

Poi, finalmente sono andato da una signora che sicuramente era una mamma, e vedere questo povero figlioletto che veniva avanti...

Io le ho detto: 'Grazie, signora, sono qui' e le ho fatto vedere il mio biglietto da visita.

Lei mi dice: 'Non l'ho mai vista. Ma dov'è la cioccolateria ad Alba? Non sapevo che lì ci fosse un'azienda di cioccolata'.

E io: 'Guardi, ad Alba abbiamo fatto un prodotto molto buono che la Langa ha consumato molto e quindi se posso...'

'Mi faccia vedere'.

Io avanzo con questa scatoletta di legno, non so bene se ricordate, era una cosa straordinariamente semplice, ho fatto vedere il prodotto, ho aperto ma l'olio era uscito, il legno era diventato tutto nero, e lei mi fa: 'Ma, bel *fanciot*, che cosa vuole che io faccia con questa merce? Io non posso far niente'.

E io: 'Guardi, le lascio questo in prova e nel pomeriggio passo di nuovo, se lei me lo consente...'

Sono uscito per andare a mangiare, ho mangiato i miei quattro panini, ho bevuto un po' d'acqua alla fontana comunale, e verso l'una sono tornato indietro. Ho guardato dentro la vetrina della panetteria della signora e ho visto che il prodotto non c'era più. Mio Dio, l'ha venduto tutto! pensai.

'Allora, signora, non ho più visto la merce in vetrina, vuol dire che ha venduto tutto?'

'No, no, bel *fanciot*, è che si è afflosciato tutto!'

'Allora, signora, le domando scusa, mi riprendo tutto e torno a casa'.

'Ma no, bel *fanciot*, non ce n'è bisogno' mi ha detto. 'Quando sono entrate le mie clienti, hanno sentito il profumo delle nocciole e mi hanno chiesto da dove venisse... Con l'olfatto si sono dirette verso il suo prodotto e alla fine, una fetta qua, una fetta là, ho venduto tutto. Quindi, bel *fanciot*, voglio fare un ordine di acquisto di dieci chili di roba'.

Sono tornato a casa con questo ordine e ho detto: 'Abbiamo vinto, papà!' E di lì poi è partita la storia della Ferrero».

La vicenda di un uomo, di una famiglia, di un'azienda e di una terra che nei primi del Novecento era definita 'dei vinti' e che si è rivelata nel terzo millennio quella 'dei vincenti'. Una storia che parte da lontano, da un piccolo borgo delle Langhe piemontesi a trentadue chilometri da Alba, Farigliano, e da un'apparizione.

2
Venerdì santo

Farigliano, Langhe cuneesi, 10 aprile 1637

Il cielo comincia a oscurarsi. Le gocce d'acqua piovono su alberi e foglie del bosco della Mellea, dapprima rade, poi sempre più fitte e tempestose, tanto da trasformare in allarme il sottile piacere iniziale con cui il giovane pastore Giovanni Ferrero ha accolto quell'acqua fertile per i campi appena fioriti attorno ai boschi di Farigliano. Nei suoi diciannove anni di vita, non aveva mai visto un fenomeno di natura estrema come quello. Nel giro di pochi minuti, alla pioggia subentra un principio di grandinata che minaccia i raccolti dei campi da frutta e di zucche giganti, di zafferano e delle vigne. Con il suo gregge trova rifugio nella piccola cappella della Mellea che precedentemente era stata saccheggiata dai soldati francesi. Sei anni prima, il borgo, dopo la dominazione di Carlo d'Angiò e dei marchesi del Monferrato, era passato ai Savoia con la pace di Cherasco.

Rivolgendo gli occhi verso l'immagine della Madonna posta sull'altare, il ragazzo prega: «O Vergine Santa, piena di grazia e benedetta tra tutte le donne...»

In quel momento gli appare una visione. La descrive il notaio ducale Bernardo Mancardi in un atto datato 30 aprile 1637: 'In luogo del quadro era apparsa una donna bellissima, ma questa volta vestita di un gran manto azzurro. Il pastore rimase estasiato e, per qualche istante, interdetto sul da farsi. Volendo che altri fossero testimoni e compartecipi di tale celestiale visione, chiamò un altro pastore, certo Sebastiano Vietto di Pietro, che aveva trovato riparo al temporale in un vicino capanno. Ma quando questi giunse, nulla poté più vedere. Nel frattempo il temporale era finito e, benché fosse caduta molta grandine, tanto da imbiancare i colli vicini, si poté constatare che nessun danno era stato apportato alle piante e alle colture'.

La fama della nuova apparizione non sorprende del tutto i fariglianesi. Un secolo prima – precisamente il 20 maggio 1527, domenica di Pentecoste – una visione celeste di donna era apparsa in quello stesso bosco della Mellea a un tale Antonio da Momigliano, episodio che avrebbe indotto la comunità a costruire un santuario e un convento, affidati prima ai Monaci cistercensi, poi ai Frati minori francescani e in tempi recenti, nel 2009, alla comunità dell'associazione Papa Giovanni XXIII fondata da don Oreste Benzi.

La testimonianza di Giovanni Ferrero si diffonde, portando fama a quel grazioso borgo che, tra il fiume Tanaro e le colline, 'pare riposi tranquillo, malgrado i secoli della sua pur ardita storia', come scrive Tomaso Zanoletti, senatore e sindaco di Alba. Un borgo di agricoltori e allevatori il cui nome, Farigliano, sembra risalire a un leggendario gesto di solidarietà.

Nella tradizione popolare si racconta di un pellegrino di nome Jano (o Giano) che, camminando per la Langa, dopo aver girovagato tutto il giorno per i boschi, stanco e affamato, ormai a notte fonda, senza più alcuna speranza di ristoro o di riposo, si butta su un giaciglio di foglie in attesa dell'alba. A un tratto, volgendo lo sguardo verso la valle sottostante, proprio nelle vicinanze del Tanaro, scorge un lumicino. È la speranza, la salvezza. Lì ci dev'essere una casa di pescatori o agricoltori, dice a se stesso, e non negheranno ospitalità a un viandante in difficoltà. Raccogliendo le ultime forze, il pellegrino si avvia verso la capanna dove viene accolto e rifocillato. Dopo essersi riposato, andandosene predice che da quella capanna sorgerà un borgo e che quella luce accogliente non si spegnerà più. Da quel giorno quella capanna viene chiamata *faro* e, dal nome del viandante, *farum Jani*: nomi che col tempo si fondono per diventare Farigliano.

La storia delle visioni della Madonna a Farigliano dilaga nello spazio e si perpetua nel tempo, ispirando tra gli altri i versi di un grande piemontese e importante figura del Risorgimento italiano, Silvio Pellico, che scrive del santuario fariglianese di Mellea, luogo prediletto di pace e di meditazione dove si era avvicinato alla fede religiosa dopo le torture subite nella prigione austriaca dello Spielberg:

Qui, dove grazie tanto popolo chiede
accorso a te da prossime pendici
e da luoghi remoti;
sien consolati sempre i tuoi devoti;
ama proteggi queste sponde ognora,
mostra che tu sei Madre a chi t'implora.

Nella civiltà contadina, le cui tracce sono tuttora ben visibili nel borgo di Farigliano, di padre in figlio si passano, insieme alla solidarietà e alla fede, i nomi di battesimo, come in una staffetta che rende immortale la filiera famigliare. Nel Novecento troviamo all'anagrafe le tracce di altri Ferrero: fra loro, anche i Ferrero della cioccolata, due fratelli capostipiti di una saga famigliare e di un'azienda che ha conquistato il mondo.

3
Seminare con pazienza

Viaiano, frazione di Farigliano, 1920

C'è tristezza e speranza in casa Ferrero. Mamma Clara, rimasta vedova dopo la morte del marito Michele nel 1911, deve salutare anche i due figli sui quali aveva puntato per portare avanti la tradizione di famiglia. I due ragazzi sono convinti che il loro destino abiti altrove, non tra quelle quattro cascine, tra i boschi le vigne e i noccioleti che dai seicento metri di quota scendono in riva al fiume Tanaro. Vogliono partire, cercare la loro strada.

Dai giornali arrivano buone notizie, benvenute nel clima di crisi economica elevata a povertà che pesa sulla gente dopo la guerra, tra scioperi e tumulti di contadini e operai. Sui Bastioni di Porta Venezia a Milano, per iniziativa di otto imprenditori, si svolge la prima edizione della Fiera Campionaria: 1200 espositori, di cui 256 esteri. In Belgio inizia la settima edizione dei Giochi olimpici e gli atleti italiani, che per la prima volta utilizzano l'azzurro come colore sulle divise di gara, conquistano molte medaglie, tra le quali tredici ori. Il Giro ciclistico del Piemonte è vinto da un ragazzo di Novi Ligure che sembra poter diventare un vero campione, Costante Girardengo.

Si respira un clima di fiducia, specialmente se si è giovani e tutto è ancora da conquistare. Pietro, ventidue anni, e Giovanni, di sette più piccolo, hanno voglia di mettersi alla prova nella vicina Dogliani, terra che stimola energia con i suoi vini, l'artigianato, le fiere e i mercati.

La valigia di cartone legata con lo spago è la stessa che accomuna il loro destino alle migliaia di altri che, dal basso Piemonte e da tutte le regioni, lasciano casa in cerca di fortuna. Quell'anno, dai porti italiani se ne vanno seicentomila emigranti, metà dei quali diretti negli Stati Uniti, una buona parte verso il Sudamerica. Pochi anni dopo, nel 1929, Giovanni Angelo Bergoglio, nonno di Papa Francesco, parte da Portacomaro Stazione, nel comune di Asti, alla volta dell'Argentina.

Pietro e Giovanni si lasciano alle spalle una vita dura, scandita da un lavoro reso difficile dall'assenza di macchine e trattori. Si fa tutto con la vanga e la zappa, si ara con i buoi, si frequentano le elementari nella chiesetta dedicata al patrono San Roberto dopo aver magari lavorato il campo o pascolato il gregge. Una vita regolata dal ciclo delle stagioni, dall'arrivo in inverno del *massacrin* e dello *splarin*, che girano di cascina in cascina per macellare il maiale e pulirlo dalle setole in acqua bollente; dai cibi della tradizione langarola, come gli agnolotti del plin, la polenta, le castagne, fonte principale di energia nel periodo più freddo e duro dell'anno sotto forma di caldarroste, pane e castagnaccio, e due risorse ancora tutte da valorizzare: il tartufo e la nocciola, destinati a diventare l'oro piemontese. In quel mondo, chi possiede una bicicletta è considerato ricco e il matrimonio a volte viene combinato con l'aiuto di un intermediario, il *bacialè*, che favorisce la conoscenza tra i due futuri sposi i quali, dopo una rapida frequentazione, si accasano, e se va bene tutti contenti, se no pazienza.

Mamma Clara consegna ai figli, insieme alle ultime raccomandazioni di solidarietà tra fratelli, i valori della civiltà contadina che potranno guidarli in un'avventura di cui lei non conosce i confini. L'onestà, la dignità, il buonsenso, la fiducia, la voglia di fare e di far bene, la pazienza. Valori forti che si aggiungono al ricordo lontano di quando il padre Michele raccontava loro l'importanza della scelta dei semi e la cura del terreno per la semina: «Seminate con sapienza... Sappiate che gran parte dei semi vanno fuori dal terreno giusto, altri vengono mangiati dalle gazze... Quelli che vanno nel prato giusto, nell'humus fertile, vanno curati, fatti crescere bene, con uno sviluppo lento e attento. La lentezza garantirà la qualità dei frutti».

Parole che torneranno, un giorno.

Un ultimo abbraccio e si parte. Pietro e Giovanni si mettono in viaggio nel verde paesaggio delle Langhe, fatto di colline e di boschi. È stato lo scenario della loro infanzia e adolescenza. Ha ispirato i loro sogni da piccoli, la loro voglia di esplorare, le loro passeggiate. *Langa* nel loro dialetto vuol dire cresta; *andar per la langa* significa camminare per le strade tracciate sui colli. Il territorio è quello descritto da Zanoletti: 'Ininterrotte catene di colline che si susseguono, quasi si accavallano le une alle altre, si adagiano diradando verso i confini, solcate da fiumi e torrenti in senso longitudinale... Un mare in tempesta, con onde colossali, pietrificate, a un tratto, da una forza divina. Non si può, infatti, camminare per alcuni chilometri senza dover scavalcare un colle per declinare su di un altro e quindi risalire subito dopo. A ogni svolta si presenta un paesaggio nuovo e caratteristico, dai confini a volte limitati e a volte immensi, sino a raggiungere la cerchia delle Alpi e il profilo azzurro del Mar Ligure'.

'Una terra dal cuore noto e dalla periferia incerta' secondo Giorgio Bocca, altro piemontese doc. 'Da Plinio, che scrive di lei e della sua capitale Alba come di una 'terra fertile e insigne città, di quelle che fanno splendida la regione fra l'Appennino e il Po' a San Bernardo che racconta al vescovo di Milano di questo 'paese di Paradiso', per arrivare al Napoleone còrso, nella retorica come nell'avidità, che prima annuncia festoso 'Alba è nostra, siamo qui nel migliore e nel più fertile paese del mondo' e subito dopo prosciuga le casse comunali e svuota le tasche dei possidenti'. Poi conclude: 'Certo, agli affamati e straccioni sanculotti che al seguito di Bonaparte eran passati per le terre povere di Millesimo e di Cairo Montenotte, Alba e le Langhe dovettero fare l'impressione di terra promessa che fecero a noi partigiani della montagna quando calammo nel '45. Un luogo felice, fertile, insigne ma, ripeto, entro quali confini? Uno dei misteri della Langa, un suo fascino è proprio questa indefinibilità'.

4
Lo scienziato

Dogliani, 1923

A Dogliani i due fratelli iniziano l'apprendistato come garzoni panettieri. Hanno grande voglia di mettersi alla prova, di fare sacrifici, di creare e di osare. La difficoltà di emergere in quella città viene fotografata da uno dei suoi tanti figli illustri, Luigi Einaudi, futuro primo presidente della Repubblica italiana, con queste parole: 'Nella mia Dogliani mancano le grandi fortune prepotenti e sono numerose le piccole e medie. La relativa eguaglianza delle fortune apporta certo molti vantaggi; unico danno, lievissimo del resto, è quello di affogare tutto e tutti nella morta gora di un'universale mediocrità, al disopra della quale è difficile innalzarsi col solo lavoro fecondo e onesto'.

Ma il seme dell'utopia che ha mosso il viaggio dei due fratelli comincia a germogliare. Nel 1923 Pietro, il più irrequieto dei due, investe i propri risparmi per aprire sotto i portici di via Corte, nel centro storico, il Caffè Pasticceria Ferrero. Un'idea insistente occupa gran parte della sua testa: quella di ridurre drasticamente il costo del cioccolato. «Se riesco a fare del cioccolato che costi la metà o un terzo di quel che si paga nei negozi» dice con convinzione, «se riesco a vendere per poche lire un pezzo sostanzioso di cioccolato, oggi riservato a pochi ricchi e a pochi giorni di grandi festività tipo Pasqua e Natale, io ne faccio un prodotto gradevole per tutti i palati e alla portata di tutte le borse, lo rendo popolare, la gente litigherà davanti alla mia pasticceria pur di averlo. Conquisto il mercato dei bambini, assicuro loro la merenda, alle quattro del pomeriggio li avrò in fila a schiamazzare alle porte del Caffè Pasticceria».

Lo si vede di rado a spasso per il paese, in quell'anno che registra numerose violenze fasciste e l'abolizione della festa del 1° maggio. Finché resta scapolo, i giovanotti doglianesi lo canzonano per quel suo vivere appartato e silenzioso. Non capiscono perché passi tante ore chiuso nella stanzetta del retrobottega. Le *bignòle*, i dolci mignon delle merende sabaude, pensano quelli, si sono sempre fatte alla stessa maniera, e così i panettoni, i pasticcini chantilly, le torte al cioccolato: che cosa c'è da scoprire di nuovo? Qualcuno comincia a chiamarlo 'lo scienziato'. C'è chi lo spia dai vetri del laboratorio e racconta che, quando non è chiamato alla cassa, Pietro se ne sta chiuso ore e ore su ampolle e alambicchi, in camice bianco, con l'aria del chimico impegnato in chissà quali alchimie.

Poi la svolta privata. Pietro nota una giovane mentre va a messa. È timido e non ha tempo per i divertimenti, ma quella ragazza 'dallo sguardo volitivo e dagli occhi bruni e dolcissimi' lo colpisce profondamente. Riesce a farsela presentare da un amico: si chiama Pierina Cillario, è nata il 21 luglio del 1902 a Piancerreto, una frazione di Dogliani, anche lei è figlia di agricoltori di grano, mais e vigne da Dolcetto. È ultima di dieci fratelli, cinque femmine e altrettanti maschi, uno dei quali, Eugenio, sarà poi sacerdote e direttore del collegio a Mondovì dove compirà i suoi studi Michele Ferrero.

Pierina ammira quel bell'uomo che la conquista per la sua capacità intuitiva, per le sue idee chiare: «Pietro era intraprendente ma esitante. Avvicinare una ragazza per lui era un tormento. O, forse, una perdita di tempo: pensava sempre al lavoro già allora, ed era bravissimo. Deciso, sbrigativo, aveva tante cose da realizzare e voleva realizzarle in fretta. Chissà, sembrava sentisse che non sarebbe vissuto a lungo...»

È determinato anche con lei. Si fidanzano e, dopo soli novanta giorni, il 21 giugno del 1924, sono già sposati. Pierina Maria – così è registrata all'anagrafe – diventa compagna affettuosa e attenta anche negli affari del marito: sta alla cassa del Caffè mentre lui passa le giornate, e spesso anche le sere, tra i fornelli del retrobottega sui quali sfrigolano creme e zuccheri. Per sua stessa ammissione, non sa cosa significhi gestire un negozio, ma si innamora subito del mestiere, le piace «veder gente, servire i clienti, accontentarli» e le piacciono «anche i dolci che faceva lui». Finisce per passare anche lei tutta la giornata nel Caffè. Nel 1923, per celebrare l'inaugurazione della tramvia a trazione elettrica Dogliani-Monchiero, un evento memorabile per la zona, Pietro espone nella sua vetrina la copia esatta di un trenino fatto di zucchero e pasta di mandorle, suscitando l'ammirazione degli adulti e il desiderio incontenibile dei bambini. Quella ricostruzione, affiancata da un dolce in zucchero filato che riproduce perfettamente la stazione di Dogliani, vince il premio che il municipio ha istituito tra tutti i pasticcieri del circondario. Un piccolo trionfo.

Quella pasticceria, che segna la linea di partenza della maratona dei Ferrero, c'è ancora oggi, quasi un secolo dopo, ribattezzata Caffè Bicerìn sotto i portici di via Corte, accanto all'antica Porta Soprana di Dogliani.

5
Il giardiniere

Dogliani, 26 aprile 1925

Pochi anni dopo l'arrivo di Pietro in città e il matrimonio con Piera, una domenica di primavera, nasce il piccolo Michele, chiamato come il nonno fariglianese. L'Italia è nella morsa del fascismo: nel discorso di inizio anno, Benito Mussolini si assume la responsabilità politica dell'omicidio di Giacomo Matteotti e annuncia la presa dei poteri dittatoriali. In tutto il Paese si registrano arresti di massa. Giornali vengono sequestrati e sospesi (capiterà anche alla prestigiosa *Stampa* di Torino). Ma quel 26 aprile è un giorno di festa per il Piemonte: la cavallerizza Fanny Vialardi di Sandigliano, Novara, ultimogenita di una delle più antiche e potenti famiglie italiane, i Tornielli, vince a Nizza il primo campionato del mondo delle amazzoni, in sella a un cavallo di nome Zaglione.

Dell'infanzia di Michele, poco si sa. Può aiutare una pagina del *Linguaggio segreto dei compleanni*, che disegna il profilo di coloro che sono nati il 26 aprile, definito 'il giorno del coltivatore', con il simbolo grafico di una grande zucca. Sono persone coraggiose e indipendenti, 'hanno un talento non solo per creare nuove imprese, ma anche per mantenerle'. Fanno di tutto per 'preservare e proteggere le aziende all'interno delle quali lavorano, nonché le relazioni personali, i legami familiari e persino la salute fisica e il benessere dei collaboratori'. Avere nuove idee e realizzarle è solo l'inizio per loro. Essi hanno 'il respiro lungo', la resistenza per i lunghi viaggi. Se iniziano un progetto, continuano 'con tenacia ad andare avanti giorno dopo giorno, settimana dopo settimana, anno dopo anno nella stessa direzione, fino a vederlo concretizzato'. Il *Linguaggio* suggerisce infine di 'immaginarli come giardinieri o coltivatori di talento, capaci di nutrire e badare che il mondo attorno a sé vada bene'. Potrebbe non essere un caso che tra i nati il 26 aprile ci sia stato Marco Aurelio, imperatore romano e filosofo, quello di 'Vivo secondo natura e assecondo l'umanità' e 'Vivi come se ogni giorno fosse l'ultimo, progetta come se vivessi per l'eternità'.

All'anagrafe di Dogliani, papà Pietro fa aggiungere altri due nomi a quello di Michele: Giuseppe ed Eugenio. Su quest'ultimo, Michele Ferrero amerà scherzare, come ricorda l'ambasciatore Francesco Paolo Fulci, presidente della Ferrero dal 2011 al 2019: «Quando qualcuno gli diceva 'Ma tu sei un genio!' Michele rispondeva, facendo finta di non aver capito, che 'Sì, è vero, di secondo nome faccio Eugenio'. E stroncava tutti con quell'uso strategico del secondo nome. Poi concludeva: 'Meglio fare così, altrimenti finirei per crederci e per montarmi la testa'».

Da ragazzino Michele vede cos'è la povertà di quelle terre e non dimenticherà. «Nascerà da lì la sua generosità riservata» racconta Serafino Bindello, per ventotto anni suo autista personale. «Faceva beneficenza ma con discrezione. Nessuno sapeva che io alla mattina portavo in giro soldi per qualcuno che lui aveva visto in difficoltà il giorno prima».

La realtà doglianese è fertile di figure eccellenti: a molti concittadini illustri di quel tempo che hanno fatto la storia varcando i confini nazionali Danilo Paparelli ha dedicato trenta ritratti nel suo *Doglianesi docg*. Ma Dogliani è troppo piccola per i progetti ambiziosi di Pietro e Piera.

6
«Galup»

Alba, 1926

Agli inizi del 1926, Pietro e Piera sono ad Alba, dove aprono una pasticceria in via Vittorio Emanuele angolo via Pierino Belli. Il legame con Dogliani resta solido e ogni estate, finite le scuole, il piccolo Michele trascorre con mamma Piera le vacanze dai nonni e dagli zii nell'azienda agricola, con annesso noccioleto e vigneto di proprietà, nella frazione di Pianezzo a quattro chilometri dal capoluogo. Anni dopo, con lo zio Giovanni sale anche a Viaiano, per partecipare alle feste dell'uva o per guidare qualche nuovo trattore. Il legame tra i due fratelli, Pietro e Giovanni, e il loro paese d'origine resterà forte finché saranno in vita: nel 1956, per esempio, in occasione delle Olimpiadi di Melbourne, Giovanni porterà in dono alla comunità uno dei primi televisori, un Olympic Channel incassato in un mobile di legno, che permetterà anche ai locali di guardare, nella saletta attigua alla chiesa del patrono, i programmi della neonata Rai e le gare olimpiche che vedranno gli italiani gioire nella scherma, nel canottaggio, nel ciclismo.

Quell'antico televisore si trova ancora oggi nella sede del comitato cittadino. «E quando qualcosa si rompeva, da Alba i Ferrero mandavano un tecnico ad aggiustarlo» racconta Pasqualino Ferrero, agricoltore, che custodisce la chiave per poter visitare la chiesetta circondata dai fitti noccioleti.

Su quelle colline langarole che fanno da sfondo ai suoi giochi e alle prime amicizie, Michele tornerà spesso da adulto per ritrovare quei passi di bambino che inseguiva i propri sogni. *Andar per Langa* sarà un'abitudine che conserverà per tutta la vita. Per molte sere, dopo cena, con il suo cane Lupo, che porta il nome di un rio che s'immerge nel Tanaro, ritroverà quella lontana forza immaginifica e progettuale che lo ha guidato in tutte le sue scelte da imprenditore.

«Durante quelle passeggiate, tra salite e dolci discese tipiche di quelle terre, si parlava sempre di progetti al futuro. Lui aveva la testa perennemente rivolta al futuro» racconta Amilcare Dogliotti, assunto in azienda nel lontano 1954, per anni suo segretario personale e poi amministratore delegato della Ferrero SpA dal 1990 e della Ferrero International dal 1995.

L'aria che respirava sui sentieri delle Langhe la riterrà talmente benefica che, con sorpresa di progettisti e architetti, la farà riprodurre all'interno dei suoi uffici. Per esempio, a Bruxelles, Beppe Veglio, già direttore generale dello stabilimento della Ferrero nella sede belga di Arlon, nelle Ardenne meridionali, ricorda che Michele «si era fatto costruire in un palazzotto un ufficio che riproduceva esattamente le caratteristiche dell'aria delle Langhe all'altezza di circa seicento metri». Conferma Gianni Mercorella, quasi cinquant'anni di servizio in Ferrero come custode delle schede dei prodotti, dal 1990 chiamato a far parte della sua segreteria: «Quando lo accompagnai per individuare il posto dove far sorgere lo stabilimento di Balvano, nella mia Basilicata scossa, con la confinante Irpinia, dal terremoto del 1980, il signor Michele scelse un'altitudine e un'aria che fossero simili a quelle delle sue Langhe».

Come sostiene il ricercatore della Ferrero Gianlorenzo Seletto «a quell'altezza la lievitazione del pane è ideale». E questo è un fattore supplementare per raggiungere quella eccellenza unica dei prodotti.

Una finestra sulla prima esperienza albese di papà Pietro la apre mamma Piera: «La nostra specialità era un panettone tipo *Galup* ['goloso' in piemontese] con glassa fatta a mano alla nocciola, a differenza di quello lombardo, che incontrava molto il gusto della gente. In principio, qualche 'infornata' l'abbiamo sbagliata. Ma poi le cose si sono messe abbastanza bene. Allora si comperavano pochi dolci, non c'erano soldi in giro, panettoni e cioccolato erano generi di lusso. Ma il sabato e la domenica, quando mio marito faceva il *Galup*, c'era la coda davanti al negozio. Andavano molto anche le bignòle e gli chantilly, di cui lui era specialista».

Fra i clienti migliori e contesi ci sono gli ufficiali del 38° Reggimento di fanteria *Ravenna*, di stanza in Alba. «Per qualche anno ce li strappammo con i denti, noi e altre due o tre pasticcerie» racconta Piera Ferrero. «La concorrenza era durissima. Le paste costavano dieci lire al chilo: se un negozio diminuiva il prezzo di trenta o cinquanta centesimi, gli altri dovevano imitarlo, pena il fallimento. Allora ci organizzammo così: mio marito lavorava con quattro o cinque garzoni in un laboratorio che tirava su nel retrobottega, e io badavo a vendere. Prendevo nota delle preferenze dei clienti, riferivo a mio marito, si cercava insieme di accontentarli. Insomma, certo senza accorgercene, gettammo le basi dell'azienda futura: lui curava la parte tecnica, io quella commerciale».

Sono tempi molto difficili per Alba, che conta poco più di sedicimila abitanti: la crisi economica vieta l'uso dei pullman per mancanza di carburante e i treni vengono soppressi la domenica sulle linee secondarie, i negozi e le piccole industrie chiudono, solo l'agricoltura assicura una qualche redditività. Si deve trovare il modo di vendere anche nei giorni feriali e non solo in quelli festivi. Piera intuisce che bisogna entrare nell'organizzazione dei ricevimenti del municipio albese. Anche a costo di rimetterci. Mettendo a frutto tutta la scienza delle pubbliche relazioni appresa dietro il banco del suo bar-pasticceria, ma soprattutto facendo all'asta un'offerta imbattibile, riesce a farsi affidare il servizio più prestigioso della stagione organizzato dal municipio per la visita del Prefetto. Questo servizio, curato con la collaborazione dell'antica pasticceria Stratta di Torino, la consacra fornitrice ufficiale dell'istituzione che nel corso dell'anno organizza appuntamenti importanti per la comunità albese e dei dintorni. Questa intraprendenza fa segnare un passivo finale di duecento lire, ma Piera, che sa guardare più in là, lo vede come il suo primo investimento pubblicitario.

Intanto, dopo le elementari, Michele prosegue gli studi presso il seminario dei Padri Somaschi di Cherasco, scuola di formazione che affianca la cura dei bisognosi, assieme ad altri compagni doglianesi: Pierino e Quinto Chionetti, Gianangelo e Riccardino Gallo, Enrico Abbona, Celso Rolfo, Renzo Manfredi... tutta gente che farà strada, accomunata da caratteristiche descritte da una grande firma del *Corriere della Sera*, il langarolo Aldo Grasso: «Mio nonno mi diceva sempre che esistono due tipi di langhetti: i *travajun* e i *negozianti*. Lui amava i primi perché erano, appunto, chiusi, riservati, timidi, dediti al lavoro e alla fatica. Come Luigi Einaudi, Beppe Fenoglio, Michele Ferrero, Angelo Gaja, i grandi barolisti. Non gli piacevano i *negozianti*: i *bacialè*, i furbi, quelli dotati di parlantina, capaci di fregarti in ogni momento, capaci di far arrivare il vino dal Sud, mischiarlo al Nebbiolo e farlo passare per Barolo».

7
La guerra

Torino, anni Trenta

Sul finire del 1933, Pietro e Piera tentano la strada della grande città. Si trasferiscono a Torino aprendo una pasticceria in via Sant'Anselmo, vicino a Porta Nuova. Pietro conta sulla gente che va e viene dalla stazione ferroviaria, e poi «Torino è grande, c'è la Fiat, migliaia di operai e impiegati che la domenica qualche vassoio di dolci si abitueranno a comprarlo». In effetti ci vede lungo, ma i tempi non sono ancora maturi. Gli affari non prosperano.

Viene il tempo della campagna d'Africa. La capitale dell'Etiopia, Addis Abeba, viene conquistata dalle nostre truppe il 5 maggio del 1936. Quattro giorni dopo, Vittorio Emanuele III diventa imperatore. I reduci tornano dall'Etiopia annessa al Regno d'Italia raccontando di aver scoperto, in quel lembo di terra ribattezzato Africa Orientale Italiana, una specie di Eldorado. Anche un nipote, Renzo Cillario, figlio di un fratello di Piera, pensa che laggiù ci sarebbe tanto da fare. Così, nella primavera del 1937, Pietro Ferrero segue di nuovo l'istinto e si rimette in viaggio. Sa che in Etiopia troverà gli ufficiali del Reggimento di fanteria *Ravenna*, frequentatori assidui della sua pasticceria di Alba.

All'Asmara compra un magazzino e una vecchia auto Balilla e comincia a produrre dolci e panettoni: di giorno pasticciere, di sera piazzista. Chiede a Piera di raggiungerlo, sente nostalgia della famiglia. Ma Piera, per la prima e unica volta, si rifiuta. 'E di Michele' gli scrive, 'come lo sistemiamo? Qui va a scuola, lì non sapremmo dove mandarlo'.

Così inizia una fitta corrispondenza, lui a spingere perché moglie e figlio partano, lei a fargli capire che preferirebbe che tornasse lui. La spunta Piera, che vede rientrare il marito a Torino nell'estate del 1939. Nel fare il bilancio di quella puntata in Africa, Pietro racconta di avere imparato qualcosa di utile: ha provato, per la prima volta, e sia pure in un ambiente difficile, la 'tentata vendita', cioè la vendita diretta del prodotto al negoziante saltando il grossista. Nel dopoguerra sarà perfezionata con straordinaria abilità dal fratello Giovanni e si rivelerà un fattore fondamentale per il successo dell'azienda.

A Torino Pietro apre una nuova pasticceria, questa volta nella centrale via Berthollet, presso il parco del Valentino. Elegante, sette vetrine e un'ottima clientela attratta dalla vendita a premi: chi compera un chilo di dolci, ha un etto di burro in dono.

Scoppia la Seconda guerra mondiale e Torino, con la Fiat e numerosi altri stabilimenti attivi nella produzione bellica, tra cui le Officine RIV, la Lancia, la SNIA Viscosa, si ritrova sotto le bombe dell'aviazione anglo-americana. La notte tra l'11 e il 12 giugno 1940 si abbatte sul capoluogo piemontese la prima di oltre cento incursioni alleate. Scrive un testimone diretto, Carlo Chevallard: 'Lo spettacolo di Torino notturna è stato qualcosa di apocalittico: ne ho fatto la triste esperienza avendo dovuto girare la città dalle due alle otto per trovare dei mezzi di soccorso per la Comet che bruciava. Fiammeggiare di incendi, spezzoni che scoppiano per le strade, gente accampata lungo i controviali di corso Vittorio Emanuele, mobili che vengono gettati via dalle finestre, viavai di gente alla ricerca di notizie. Sono altrettanti quadri che non dimenticherò tanto facilmente'. Continua raccontando il risveglio mattutino, ammesso che qualcuno sia riuscito a trovare sonno: 'Visi attoniti, sbalorditi, della gente che gira per le strade con l'aria di volersi render conto, di riemergere dall'abisso in cui è piombata. I tram fermi al punto dove li ha sorpresi l'allarme (manca l'energia su tutta la rete) hanno l'aria di muti testimoni del flagello che si è abbattuto sulla città'.

Le bombe cadranno fino al 5 aprile del 1945, colpendo, oltre alle fabbriche, case, edifici pubblici, monumenti e strade, e provocando centinaia di morti tra la popolazione civile.

Nel 1942 Pietro e Piera Ferrero sono costretti a sfollare, come tanti torinesi che cercano tranquillità in luoghi considerati sicuri o tornando nei luoghi di origine: nel loro caso, la destinazione è Alba.

8
Un ragazzo vivace

Mondovì, 1939

Intanto per lo studente Michele, mentre l'Europa viene ferita dai primi segni di un nuovo conflitto mondiale, si è aperto il portone dell'istituto tecnico Baruffi di Mondovì. Un portone di pietra davanti al quale il ragazzo si farà riaccompagnare in età matura, facendo al suo autista Serafino Bindello questa confessione: «Quando mio padre mi ha messo qui, in collegio, ho pianto perché l'ho vista come una decisione punitiva, una sorta di 'arresti collegiali'. Ero un ragazzo vivace, un giorno ho rotto un vetro giocando a pallone e papà mi ha accompagnato in questo collegio dal portone di pietra. Però ora, da uomo maturo, riconosco che per quella scelta dovrei ringraziarlo, in quanto se sono così adesso lo devo alla decisione da lui presa allora».

A Mondovì viene ospitato, in quegli anni drammatici, nel collegio vescovile dove è stato nominato rettore economo lo zio materno, il canonico Eugenio Cillario. Nell'istituto Baruffi Michele si diploma ragioniere nell'estate del 1944, pochi giorni dopo i rastrellamenti operati dai nazisti nelle valli cuneesi e prima di un sanguinoso attacco aereo alleato su Mondovì che il 16 agosto uccide cinque persone.

Una interessante testimonianza sul Michele studente e sul manifestarsi della sua creatività compare nel diario del suo compagno di banco, Emilio Cioni, redatto mentre era studente universitario a Bologna. Scrive Cioni: «Il mio amico Valsecchi, venendomi a trovare a Bologna, mi raccontava le sue ultime conquiste e, in quelle occasioni, mi dava notizie dei vecchi compagni di classe di Mondovì. Il suo diploma era stato confermato dalla Commissione di epurazione [composta da professori di provata fede antifascista e da studenti ex partigiani, riesaminava tutti i diplomi rilasciati dal 1943 al 1945 annullando quelli di chi era stato in odore di fascismo o di collaborazionismo] ma il fatto non gli interessava più di tanto. Mi disse che era stato confermato anche quello di Michele Ferrero e si riprometteva di andarlo a trovare ad Alba dove stava impiantando una fabbrica per fare il cioccolato. 'Vuoi vedere che Michele mette in pratica gli esperimenti che faceva a scuola?' 'Te lo saprò dire dopo che sarò andato ad Alba a trovarlo'».

Di quei primi assaggi e prodotti a base di nocciole, Cioni fornisce qualche gustoso dettaglio: «Un'attività impegnativa per Michele era il trovare le giuste dosi per amalgamare insieme polvere di nocciole e polvere di castagne. Schiacciava le nocciole in classe durante le lezioni. Apriva il cassetto del banco. Metteva le nocciole sullo spigolo interno del cassetto e poi lo chiudeva con un colpo secco coprendo (o tentando di coprire) il rumore con un accesso di tosse. Schiacciate le nocciole, con il temperino le riduceva a piccoli pezzettini. Poi pelava le castagne e sminuzzava anche quelle. Dosava la quantità dei due ingredienti e li mescolava tra loro sopra un foglio di carta assorbente. Continuava poi con il temperino a triturare il miscuglio fino a farlo diventare quasi polvere. Prendeva con la punta del temperino un poco di polvere e ci invitava ad assaggiarla. I nostri giudizi furono sempre negativi anche per il fatto che, a forza di lavorare con il temperino sul banco per triturare il miscuglio, la mistura sapeva di legno e d'inchiostro e in mezzo ci finivano sempre dei pezzettini di carta assorbente».

Ma Michele non si dà per vinto. «Devo aver sbagliato le dosi» spiega. «Proverò con due terzi di nocciole e un terzo di castagne. Vedrete che sarà senz'altro migliore».

Il miscuglio nocciole-castagne-legno-inchiostro-carta assorbente è ancora allo stato sperimentale quando finiscono le scuole. Sergio Valsecchi si ripromette di chiederne notizie quando rivedrà l'amico ad Alba. «Non mi meraviglierei se si fosse impegnato seriamente a grattugiare le nocciole, sai com'è: Michele è imprevedibile».

9
Di necessità virtù

Alba, 1944

Diplomatosi ragioniere, il diciannovenne Michele si ricongiunge con i genitori ad Alba dove sono tornati dalla bombardata Torino, lasciandosi alle spalle la pasticceria nella centralissima via Berthollet.

Nel centro storico, in via Maestra, papà Pietro ha aperto la Liquoreria Pasticceria Confetteria Ferrero, che gli albesi hanno soprannominato il Biffi, come il più famoso ristorante in Galleria a Milano, ed elabora nuove specialità in un laboratorio non lontano dal locale, in via Rattazzi 8.

Una cronista, Safiria Leccese, ha immaginato quelle prime giornate albesi: 'Piera e Pietro erano convinti di aver fatto bene a tornare. Con quella guerra in città, a Torino, se la sarebbero cavata peggio; ma poi, anche per Michele, che ormai era un ragazzetto, almeno ad Alba erano a casa loro, conoscevano tutti. E poi la loro pasticceria andava forte. Ed erano contenti di quel ritorno. «Buongiorno! C'è qualcuno?» arriva una voce dall'altra stanza. Davanti al bancone c'è una signora, nel negozio antistante il laboratorio dove stavano parlando. Piera si toglie i guanti da lavoro, con cui stava guarnendo di crema le paste, si strofina le mani in un gesto doppio e quasi automatico, in su e in giù, dorso e palmo sul grembiule a quadri, aggiusta la collanina che porta sempre, mette una mano sulla spalla del marito e fa per passare nella parte del negozio aperta al pubblico; mentre si fa spazio per raggiungere il bancone, sorride. Sì, era contenta di quel ritorno. Suo marito aveva avuto ragione'.

Sono tempi durissimi per i langaroli. A Farigliano, il borgo d'origine di Pietro e Giovanni dove, nella frazione di Viaiano, i due fratelli emigrati mandano periodicamente dei regali, quasi a sottolineare la robustezza del filo che lega le loro anime alla terra natale, in un solo giorno, il 5 luglio 1944 i nazifascisti scatenano l'inferno per rappresaglia contro i partigiani operanti nella zona.

Un bravo regista locale, Remo Schellino, ha impresso in uno dei suoi documentari dal titolo *La mietitura interrotta* quel giorno vissuto da Farigliano e dal vicino comune di Piozzo. Racconta la voce recitante: 'L'estate bruciava la pelle della terra. Le messi si piegavano elastiche al vento caldo di un luglio di guerra che ai bordi delle zone nevralgiche sembrava un brutto sogno lontano. Mani esperte di vecchi contadini compivano gesti abituali, eterni, nonostante la violenza imperversante, incombente, nonostante notizie drammatiche di perdite e di morti arrivassero dai fronti. Fuori dal perimetro dei paesi, la storia scritta da altri correva rapida verso la sconfitta, non solo di una guerra, ma di un intero sistema di governo che, in nome di una grandezza immaginata, aveva scelto la strada della violenza e, quindi, del dolore. C'è una piazza nel paese di Piozzo che porta per nome una data: 5 luglio 1944. È il ricordo del giorno più lungo che gli abitanti di Piozzo e di Farigliano hanno vissuto nel periodo del secondo conflitto mondiale: è stato il giorno della rappresaglia, quando i due paesi vennero dati alle fiamme dalle truppe nazi-fasciste provocando la morte di quattro civili. La sera di quell'infausto giorno i due borghi sono in fiamme; la maggior parte del bestiame razziato; le poche gioie e i valori rubati; portate via le ultime scorte di viveri di una popolazione già affamata; in più, nessun rispetto per la vita umana e per i valori morali di una gente; quattro civili giacciono per sempre vittime di tanta barbarie'.

Presso gli albesi è tuttora viva la memoria dei *Ventitré giorni della città di Alba,* che è anche il titolo di uno splendido racconto dello scrittore e partigiano Beppe Fenoglio. Ventitré giorni dal 10 ottobre 1944, quando i partigiani vengono accolti in città, al 2 novembre 1944, quando le forze fasciste rientrano, ammainando il tricolore che i partigiani hanno issato sul campanile del Duomo, e scatenano una violentissima azione di rastrellamento in tutta la Langa.

La popolazione vive un periodo drammatico. Fenoglio fabbrica un efficace neologismo per rappresentare, con vivida immediatezza, quella che è diventata una triste routine della popolazione civile in quei giorni funesti e angosciosi: al suono di una sirena d'allarme i cittadini, scrive a un certo punto 's'incantinarono'.

I giovani, lasciata l'università, il lavoro e la famiglia per imbracciare le armi, scelgono in grande maggioranza la strada della libertà: salgono sulle colline, per unirsi alle formazioni dei partigiani. La loro lotta varrà ad Alba, il 13 novembre 1949, la medaglia d'oro al valor militare.

«Siamo geneticamente antifascisti perché geneticamente siamo per la libertà» ricorderà in una cerimonia, settant'anni dopo, il presidente della Regione Alberto Cirio. Nella stessa occasione, Enzo Demaria, già sindaco di Alba e presidente della sezione locale dell'ANPI, ha ricordato Beppe Fenoglio, cantore della resistenza albese.

Un aneddoto lega direttamente Michele Ferrero allo scrittore, più vecchio di tre anni. Ce lo racconta Piero Negri Scaglione nella biografia dell'autore del *Partigiano Johnny*. Durante la guerra, nei giorni dell'occupazione di Alba, Fenoglio viene invitato a casa di una famiglia di pasticcieri. «Vieni giù in cantina, Beppe, ho qualcosa da mostrarti» gli dice il figlio del padrone di casa. Fenoglio si ritrova davanti a un oggetto misterioso coperto da un telo. «Una nuova mitragliatrice?» chiede lo scrittore. «No, molto di più» risponde il giovane rimuovendo il telo: «È una macchina per fare il cioccolato. Quando finirà la guerra, finalmente mi ci potrò dedicare a tempo pieno». Quel giovane è Michele Ferrero.

Alla fine della guerra, il panorama langarolo e quello italiano si presentano egualmente tragici. Miseria, degrado, disoccupazione; produzione industriale ridotta ai minimi termini; rete dei trasporti da ricostruire; ripresa massiccia dell'emigrazione.

Il costo della vita sale alle stelle. Alcide De Gasperi, a capo del governo, eredita un paese semidistrutto. L'immagine di quell'Italia tutta da rifare è fissata in un episodio che molti nostalgici di oggi tendono a dimenticare. Parigi, 7 agosto 1946: De Gasperi arriva nella capitale francese per firmare gli accordi di pace e ai diplomatici dei Paesi vincitori, che presentano i debiti da pagare (lui che non ha il senso del denaro), dice: «Sento che tutto, tranne la vostra personale cortesia, è contro di me». Nessuno applaude. Solo il Segretario di Stato americano James Byrnes si alza in piedi per stringergli la mano. È l'unico segno di umanità. Il prezzo che l'Italia deve pagare, a riparazione dei danni provocati durante la guerra, è di

360 milioni di dollari. In particolare: 125 alla Jugoslavia; 105 alla Grecia; 100 all'Unione Sovietica; 25 all'Etiopia; 5 all'Albania.

Dobbiamo cedere navi, attrezzature, prodotti industriali, lavoro. Un primo bilancio della guerra: 410.000 morti; su cento case, cinque sono distrutte; la produzione industriale è ridotta del settantacinque per cento, del cinquanta per cento quella agricola. Manca il pane: De Gasperi telefona al sindaco di New York, Fiorello La Guardia, e chiede aiuto. Piroscafi di grano vengono dirottati dall'Irlanda per approdare a Genova e a Napoli. Sale e penicillina si comperano al mercato nero.

Ad Alba e nelle Langhe manca ancora tutto. Figurarsi il cioccolato, che costa all'epoca sulle tremila lire al chilo: un autentico lusso. Pietro Ferrero capisce che in questo momento è ancora più importante quella sua antica idea di rendere la cioccolata popolare: per aumentare la produzione, deve creare delle specialità a prezzi molto più bassi. Lui si occupa del laboratorio di via Rattazzi, ma a uno che è innamorato del proprio lavoro la routine della fabbricazione di pasticcini e panettoni non può bastare. Tra forno e fornelli, si diletta a tentare nuovi esperimenti. Lo 'scienziato' si rimette in moto, senza scoraggiarsi. Non si perde d'animo neppure nei giorni più bui dell'immediato dopoguerra, quando mancano perfino gli ingredienti necessari, anzi: è proprio in momenti come quelli che emerge tutta la sua creatività. Allarga il laboratorio annettendo un nuovo padiglione a due piani a uso industriale, un bar, una bottega di barbiere, una tintoria, un magazzino di pollami e una casa di civile abitazione. Insomma, Pietro Ferrero appartiene alla categoria di quegli individui che Benedetto Croce definisce come coloro che sanno 'fare di difficoltà sgabello, di necessità virtù'. E se non si trova il prezioso cacao, per non ridurre la produzione di cioccolato cerca di rimediare con quel che c'è di disponibile. Allo scienziato Pietro vengono in aiuto la grande capacità di gestione della moglie Piera e l'esperienza commerciale del fratello Giovanni, fisico e baffetti spavaldi da attore hollywoodiano, che si guadagna da vivere piuttosto bene comprando e vendendo generi alimentari con il suo negozio in via Pierino Belli 21, e a bordo della sua auto rossa rifornisce di lievito tutti i panettieri della zona. Ha un eloquio formidabile Giovanni: di lui si dice che saprebbe vendere per oro la sabbia del fiume Tanaro.

Un aiuto arriva anche dal giovane figlio di Pietro, il neodiplomato ragioniere Michele, che ha deciso di dare una mano all'impresa di famiglia. Al ragazzo capita di seguire lo zio nel suo 'giro' e di quell'esperienza si conosce un episodio. Giovanni guida sempre come un matto: il tempo, per lui, è davvero denaro sonante. Un giorno, mentre viaggia con il nipote Michele, infila nel parafango di destra l'assale di un carro agricolo. Il parafango schizza via, tranciato di netto, e l'automobile ha uno sbandamento pauroso. Michele arriva a casa pallido come un morto. «Ma che ti è successo? Non stai bene?» gli chiede la madre. «La strada era piena di curve e lo zio, lo sai, corre un po'» risponde il ragazzo.

10
Il pastone

Alba, 1946

Alba è già famosa per i suoi tartufi, le Langhe si avviano a diventarlo per i vini, ma nessuno ha finora intuito le potenzialità della nocciola, quella che i disciplinari IGP, Indicazione Geografica Protetta, chiameranno la 'tonda gentile trilobata delle Langhe' oppure, più semplicemente, 'Nocciola Piemonte'. Ce n'è abbastanza, e di ottima qualità. Per la sua buona resa – solitamente tra i venti e i trenta quintali per ettaro – e soprattutto per le sue qualità organolettiche sarà poi considerata in ambito mondiale la varietà migliore; molte caratteristiche la rendono vincente sul mercato. Ci aiuta a identificarle un manuale di corilicoltura (dal latino *corylus*, nocciòlo). Intanto la forma tonda del frutto favorisce una veloce sgusciatura meccanica, mantenendo intatto il seme. Poi il guscio sottile dà una resa del prodotto sgusciato elevata, dal quarantasei al cinquanta per cento; il seme è dotato di buon aroma e di sapore delicato; il tenore di grassi è limitato, cosa che determina una buona conservabilità senza problemi di irrancidimento; la sottile pellicola che avvolge il seme (perisperma) viene facilmente asportata dopo la tostatura.

Torniamo nel laboratorio di via Rattazzi. Perché non utilizzare la nocciola Piemonte? Pietro Ferrero ci si mette d'impegno fin dai giorni della guerra e pochi mesi dopo la fine del conflitto ha la soluzione pronta. Da una parte incita i langaroli a migliorare ed estendere quella redditizia coltivazione di fragranti nocciole fino ad allora trascurata, e anzi inizia lui stesso, acquistando un noccioleto. Intanto lavora per la ingrandita pasticceria di via Maestra e inizia a produrre, nel laboratorio di via Rattazzi, la Pasta Gianduja, la sua prima cioccolata alla nocciola. Si presenta avvolta nella carta stagnola, è una sorta di crema solida che si taglia a fette e si mette sul pane. Insomma, un companatico dolce da usare non solo al posto del cioccolato, ma anche del salame o del formaggio; ma soprattutto, un prodotto buono e nutriente a buon prezzo.

In tempi in cui gli italiani hanno pochi soldi in tasca, un chilo di Pasta Gianduja è in vendita a seicento lire contro le tremila di un chilo di cioccolato. Pietro Ferrero è riuscito nella sua impresa, dare corpo all'idea che ha coltivato per anni e perseguito con determinazione: togliere alla pasticceria la reputazione di genere elitario, riservato solo ai ricchi oppure alle grandi festività. Ci voleva un dolce per tutti, gradevole per ogni palato e alla portata di tutte le borse: è la Pasta Gianduja, frutto di ricerche e pazienti tentativi, e dell'utilizzo di macchine come quella mitragliatrice *incantinata*, mostrata dal giovane Michele a Beppe Fenoglio.

Come nasce la Pasta Gianduja? Siamo agli inizi del 1946, anno di ripartenza dell'Italia, con il reintegro dei giornalisti epurati dal fascismo, il ritorno del *Corriere della Sera* in edicola e delle trasmissioni radio su tutto il territorio nazionale, e il referendum istituzionale tra monarchia e la vincente Repubblica.

Un giorno si presenta in laboratorio Giovanni, reduce da un viaggio a Torino, e propone a Pietro di sperimentare qualcosa con la melassa estratta dalle barbabietole da zucchero. Pietro Ferrero parte da un *panello,* cioè un residuo solido, di nocciole, ricavato estraendone l'olio; da del burro di cocco, perché il burro di cacao era troppo caro e difficilmente reperibile; e del cacao magro in polvere, da zucchero o melassa, e ottiene un preparato semisolido che versa in stampi rettangolari, ottenendo dei panetti che possono essere tagliati a fette. Sottopone il suo ritrovato a moglie e figlio, ottenendone l'approvazione.

Perché il nome di Pasta Gianduja? Perché il gusto dell'impasto preparato da Pietro Ferrero ricorda i gianduiotti che i pasticcieri torinesi avevano inventato agli inizi dell'Ottocento, in seguito al Blocco Continentale imposto da Napoleone dopo la sconfitta subita a Trafalgar. Il Blocco aveva comportato la scomparsa in tutta Europa di gran parte delle merci provenienti dalle colonie, e gli artigiani torinesi, per risparmiare cacao, lo avevano mescolato con nocciole tostate.

Il giorno dopo la messa a punto della Pasta Gianduja, detta anche Giandujot, Giovanni viene, con la sua Fiat 1100 rosso fuoco famosa in tutto l'Albese, a ritirare quel nuovo prodotto, approvato dagli assaggiatori Piera e Michele, e prova a piazzarlo dai panettieri a cui fornisce il lievito.

Non ha ancora finito il giro che già qualcuno lo cerca, chiedendogli se ne abbia ancora. A quanto pare, tagliato a fette e messo sul pane risulta buonissimo.

Il racconto più autentico di quella invenzione arriva anni dopo da Michele, già affermato industriale, in una bella intervista rilasciata ad Alfredo Pigna della *Domenica del Corriere,* in cui la crema di invenzione del padre viene chiamata ‘pastone’. «Sa cos’è il pastone? Qualcuno lo chiama il cioccolato dei poveri, ma io direi che è il dolce degli umili… Mio padre Pietro inventò il pastone, una specie di gianduiotto, che era molto buono e costava poco. Mio padre e anche mio zio Giovanni, che era suo socio, pensavano che i migliori clienti nostri, clienti di un dolce, sarebbero diventati quelle migliaia di operai, di muratori, di carpentieri, di contadini che all’ora della colazione erano soliti comprare qualche pomodoro e un po’ di formaggio da mettere in mezzo alla pagnotta. E se – pensarono mio padre e mio zio – noi gli diamo la possibilità di fare merenda con un dolce che costi eguale, o anche meno di quel che acquistavano prima? Ebbero ragione. Fu un successo travolgente del quale neppure oggi riusciamo a renderci pienamente ragione. Su quel pastone è nata la Ferrero».

Lo scrittore Gigi Padovani, la maggiore autorità vivente sul tema della Nutella e dei suoi antenati, riporta il racconto di una delle prime operaie assunte nel dopoguerra, Graziella Borello. Allora nel laboratorio dei Ferrero erano in sette ragazze, tutte giovanissime, con tre uomini, tre collaboratori-contadini; è stata sempre una caratteristica della Ferrero quella di assorbire molto personale femminile, in media il rapporto è di sessantacinque per cento di donne a fronte del trentacinque per cento di uomini. «C’erano soltanto due macchine che funzionavano con la corrente elettrica, tutto il resto si faceva a mano» racconta la signora Borello. «Dalla campagna arrivavano le nocciole; noi le tostavamo, le sbucciavamo e poi le riducevamo in poltiglia. Quindi si mescolavano con gli altri ingredienti, zucchero, cacao e grassi vegetali, finché l’impasto si metteva a mano negli stampi. Alla fine della lavorazione quei pani da un chilo di Giandujot erano avvolti con la carta stagnola e imballati nelle scatole di cartone. Appena finita la produzione, già c'erano clienti a chiederlo».

La risposta del pubblico arriva immediata ed è superiore a qualunque aspettativa. I numeri lo spiegano perfettamente. Quel febbraio 1946 ne vengono prodotti tre quintali; alla fine dello stesso anno la produzione ha raggiunto i 1.111 quintali. Gli ordini dai negozianti hanno quasi il tono dell'implorazione. Sono bastati pochi mesi e il primo grande salto di qualità è già cosa fatta.

Intanto nel 1944 Pietro Ferrero aveva acquistato un capannone di 5.380 metri quadrati in via Vivaro; qui sorgerà la prima fabbrica vera e propria. Racconta un testimone: «Quel giorno torno a casa e a mia madre riferisco che c'era un grande profumo dalle parti di via Vivaro, le dico 'guarda mamma che in un capannone hanno messo su una fabbrica di cioccolato'».

Il 14 maggio del 1946, mentre il lavoro aumenta a ritmo febbrile, nasce ufficialmente l'industria Ferrero con tanto di atto costitutivo e iscrizione all'Ufficio provinciale Industria e Commercio di Cuneo. Alla riga 'esercente l'industria', il funzionario aggiunge a penna: *fabbrica cioccolato, torrone e dolciumi in genere.*

Con l'ottica di oggi, un atto del genere potrebbe apparire una semplice registrazione di routine, ma se torniamo alla primavera del 1946 e all'atmosfera pionieristica di quei giorni, tutto prende una dimensione diversa. Allora anche un atto formale come mettere nero su bianco la nascita di una nuova realtà industriale richiede molto coraggio: in un'Italia ancora tutta da ricostruire, occorre tanto entusiasmo imprenditoriale, esattamente quello che non manca a Pietro Ferrero che, di tutto questo, è il principale artefice.

Lo descrive così l'attuale timoniere del Gruppo Ferrero, Giovanni Ferrero: «Nostro nonno, nonno Pietro, è stato un vero precursore, di una modernità in anticipo sui tempi. Era un inventore dai tratti eccentrici e originali, tipici degli imprenditori della prima generazione, audace esploratore delle nuove frontiere che l'hanno portato da pasticciere a grande imprenditore».

Alla fine del 1946 i dipendenti della Ferrero sono già una cinquantina e diventano un centinaio l'anno successivo. Nessun curriculum, nessuna attesa, nessuna formalità. Spesso a essere assunti sono piccoli artigiani che lavoravano in proprio e che, un giorno, vengono chiamati in Ferrero per fare qualche lavoretto: poi si fermano lì, per trenta, trentacinque, quarant'anni. Un posto in Ferrero è garanzia di lavoro sicuro in tutti i sensi, e ben retribuito.

Ogni anziano ha la sua storia da raccontare su come è stato assunto e a quali mansioni era destinato.

Ricorda Rosetta Roggero, tra le prime operaie, trentasei anni in Ferrero, dapprima al settore Cremini, poi ai forni a fare le brioche e le merendine, infine alla Nutella: «Il primo stipendio fu di diecimila lire, ricordo che andai a casa e dissi a mia mamma: 'Immagina quanto ho preso'. E lei: 'Tremila lire? Quattromila?' 'No mamma, di più, di più'. Insomma, le dovetti precisare: 'Diecimila lire'. E lei, felice: 'Mamma mia, che piacere! Così possiamo pagare i debiti segnati sul libretto...'»

Rosetta è in Ferrero tra le prime, nella seconda metà degli anni Quaranta. Veniva dalla frazione del Mussotto sempre in bicicletta, che un giorno le viene rubata: «Sono andata quindici giorni a piedi perché non avevo i soldi per ricomprarla. Più tardi, negli anni Cinquanta, un carico di biciclette è arrivato dall'America, il signor

Ferrero ne ha comprate una certa quantità, in blocco, e le ha date a noi dipendenti».

La storia di Giovanni Raimondo, assunto nel 1953 e arrivato a dirigere il settore vendite e marketing per l'Europa, è la storia di tante famiglie a cui i negozi di alimentari dovevano fare credito, perché a stento arrivavano a fine mese. Racconta: «Mio padre morì quando io ero piccolo. Mia madre andò a servizio per vent'anni e io dovetti cominciare a lavorare da giovanissimo, nella filiale di Alassio della Ferrero. Quando arrivò l'assegno del primo stipendio, il giorno più felice della mia vita, andai a casa e dissi a mia madre che grazie a quello stipendio di gran lunga superiore alla media di quello che si prendeva ad Alassio, non avrebbe dovuto più far segnare sull'agenda del negozio alla voce 'debito'. Quando rivelai questo ricordo al signor Michele, che mi aveva chiesto qual era stato il giorno più felice della mia giovinezza, lui si tolse gli occhiali e mi abbracciò commosso. Perché lui era fatto così. Si emozionava, era dotato di una grande empatia».

Nel frattempo, alla prova del mercato il Giandujot comincia a fare una concorrenza spietata al cioccolato: ne ha le stesse caratteristiche nutritive, perché la nocciola ha una composizione molto simile al cacao, ed è gradevole al gusto. Soprattutto, chiunque se la può permettere.

Il successo delle vendite incita Pietro a pensare in grande, dando inizio alle fortune della Ferrero. Mentre lui lavora intorno all'impastatrice che produce i pani di Giandujot, la signora Piera tiene il timone dell'azienda e, sempre attenta ai bisogni dei lavoratori, al mattino si alza un'ora prima dell'arrivo degli operai per preparare litri di caffè, sorveglia personalmente la preparazione della minestra che viene servita ai dipendenti, porta una cioccolata calda a chi fa il turno di notte. Questa attenzione verso le persone si trasmetterà al figlio Michele. Racconta uno di loro, Sergio Giovannetti: «Un giorno l'ho accompagnato con il gruppo di tecnici a una fiera di macchinari in Germania e nel pomeriggio di quella giornata non mi ero sentito bene. La sera ero rimasto in camera, e non vedendomi scendere a cena, il signor Michele mi portò in camera una tisana».

Cioccolata e caffè preparati in casa, poche stanze ricavate nel corpo della fabbrica, un appartamento rimasto modesto in una costruzione altrettanto modesta che Piera abiterà fino al termine dei suoi giorni. Collaboratrice del marito, porta nel lavoro comune i segreti delle vecchie ricette che le famiglie delle Langhe si tramandano di generazione in generazione. In *Donne di Langa*, otto storie di protagoniste femminili che nel dopoguerra hanno lasciato il segno nel territorio langarolo, la minuziosa curatrice Bianca Vetrino Nicola riporta le parole di Piera Ferrero sul Giandujot: «Io e mio figlio Michele ci gettammo a capofitto nell'impresa per sfruttare la trovata di mio marito».

I due fratelli Pietro e Giovanni, in società dal 14 maggio del 1946, comprano nuovi macchinari e si incomincia a lavorare giorno e notte, anche di domenica, per stare dietro agli ordini che piovono dai negozianti della Langa, del Cuneese, dell'Astigiano, fino a Torino e Savona.

La manodopera è trovata nelle scuole, tra i parenti nei vicini paesi agricoli sulle colline, consentendo però agli operai di continuare a vivere nelle loro abitazioni rurali, anziché inurbarsi ad Alba: in questo modo le campagne dell'Albese non si spopolano e nello stesso tempo Alba ha uno sviluppo più equilibrato, crescendo in parallelo alla Ferrero. Nel 1945 la città conta circa 15.000 abitanti, nel 1951 sono 16.500, dieci anni dopo (in seguito al censimento del centenario) se ne contano 21.100, a metà anni Sessanta sono più di 25.000, mentre al giro di boa del 2020 sono 31.250.

Persuadere le ragazze della campagna a venire a lavorare ad Alba, dove nel frattempo è nato anche il colosso tessile Miroglio, è talvolta un'impresa: la fabbrica è ancora considerata, tra le famiglie contadine di ceppo antico, una minaccia. La ragioniera Dina Fiora, trentasei anni in Ferrero, racconta la reazione negativa del parroco, precipitatosi a casa sua alla notizia della sua assunzione «per sconsigliare i miei genitori dal farmi andare a lavorare in quel luogo di perdizione». Vi è perfino qualche attrito con la Curia locale, all'inizio, per il lavoro domenicale che comportava, oltre al salario festivo, anche un premio di duemila lire; ma i Ferrero riescono a convincere i sacerdoti della necessità di quel sacrificio, sull'altare del benessere. Per calmare il malumore ecclesiastico, mamma Piera e lo zio Giovanni trovano il modo di far celebrare la messa dal cappellano di fabbrica, don Giovanni Battista Gianolio, la domenica mattina, nel cortile dello stabilimento.

L'alleanza con la chiesa diviene anzi fondamentale. Cattolicissimo, devoto della Madonna di Lourdes, è alle parrocchie che Michele si rivolge alla ricerca di operai e operaie da assumere. Importante è il collegamento con don Giovanni Basso, dal 1936 parroco della parrocchia di San Giovanni ad Alba, a pochi passi dal primo laboratorio di papà Pietro in via Rattazzi.

Don Basso è preoccupato per le dure conseguenze della guerra: mancanza di industrie, disoccupazione, miseria. A fine 1945, nella piazza del Municipio c'è una grande manifestazione popolare di protesta. I giovani rientrati dai lunghi mesi trascorsi alla macchia chiedono a gran voce lavoro. Il sindaco Teodoro Bubbio si affaccia alla finestra e tenta di calmarli: può offrire soltanto un posto in Comune, da spazzino. Per questa gente in difficoltà non c'è che una soluzione, dolorosa ma necessaria, per sopravvivere: emigrare. E molti scelgono questa strada. Si va a cercare un posto nelle grandi città, Torino, Milano, Genova, oppure all'estero, di là dalle Alpi o oltreoceano.

Don Basso sa che la piccola industria di cioccolato cerca operai. Va dalla famiglia Ferrero, ormai diventata la prima squadra collocatrice ad Alba, e chiede di assumere alcuni capifamiglia in difficoltà, che abitano in via Macrino. Michele fa assumere tutti: così la via Macrino passa da luogo simbolo di povertà a serbatoio di capitale umano. La *Gazzetta d'Alba,* a metà anni Cinquanta, inneggia all'illustre concittadino: «La Ferrero ha saputo creare un prodotto dolciario alla portata di tutte le borse favorendone il massimo consumo tra le famiglie, le convivenze, i bambini delle categorie meno abbienti».

11
I metalmezzadri

Alba, anni Cinquanta

Gli anni Cinquanta segnano in Ferrero una crescita costante di produzione e di assunzioni. Sono anni in cui basta bussare ai cancelli dello stabilimento di via Vivaro per essere assunti sui due piedi: specialmente le donne. Alba riprende fiato e fiducia.

Anche nelle campagne si diffonde un certo benessere. Ci sono famiglie del circondario che mandano due o tre figli a lavorare in via Vivaro. Un'idea visionaria e vincente di Michele e della sua famiglia è quella di istituire linee di autobus per i dipendenti. In quel periodo sono già sette le linee di autobus Ferrero per i lavoratori, che vengono prelevati nei diversi comuni langaroli e riportati a casa alla fine del turno di lavoro. In questo modo i dipendenti rimangono in famiglia senza bruciarsi parte dello stipendio per vivere in una stanza d'affitto.

Ricorda Vittorio Novello, già autista del parco automezzi Ferrero: «Nel Roero c'era un gruppo che caricavo alle cinque, erano tutti affiatati. Dopo aver preso posto, c'era chi tirava fuori un mazzo di carte. E tanti altri, invece, iniziavano a cantare. Avevano formato un coro formidabile che metteva allegria».

Questa nuova opportunità di lavoro per il mondo contadino rappresenta un'importante integrazione al bilancio dei raccolti agricoli non sempre positivi ed evita l'ulteriore abbandono delle colline già impoverite da altre cause di spopolamento. Basti pensare che in cento anni, dal 1861 al 1961, il Cuneese perde il dieci per cento degli abitanti, mentre nel complesso la popolazione piemontese cresce di più del quaranta per cento (e quella italiana raddoppia).

La Ferrero lascia tempo libero per la vendemmia o per raccogliere le nocciole e sostiene l'istituzione di una scuola professionale, proponendosi come azienda che promuove l'istruzione e il mantenimento del legame con la terra. I sociologi chiameranno quegli operai 'metalmezzadri', una categoria che oltre alle Langhe caratterizza il Canavese, dove si lavora alle macchine da scrivere di Camillo e Adriano Olivetti.

Dire oggi che la Ferrero è fin dalle origini un'unica, grande famiglia può sembrare retorica, un luogo comune, ma è un fatto: gran parte dei dipendenti con cui sono entrato in contatto sono imparentati tra loro. La strategia di reclutamento risponde a un obiettivo: assumere i figli dei dipendenti rafforza il cemento della comunità e lega all'azienda molti dei suoi uomini e donne per tutta la vita lavorativa. In Ferrero quello che il ricercatore americano Edward C. Banfield aveva individuato a metà anni Cinquanta in un borgo dell'Italia meridionale come 'familismo amorale', ovvero l'incapacità di agire per il bene comune o per qualsivoglia obiettivo che fuoriesca dall'interesse materiale della propria famiglia, diventa, al contrario, 'morale'. Un'inchiesta negli anni Sessanta indica che cinquantadue operai e operaie su cento sono imparentati tra loro.

Serafino Bindello, l'uomo che più di ogni altro è stato a fianco di Michele Ferrero in qualità di autista, racconta la sua esperienza personale: «Un giorno il signor Michele mi ha chiesto notizie di mia figlia Evelina. Voleva conoscerla. Aveva finito il liceo e stava per imboccare l'università, facoltà di Psicologia. Le ha dato questo consiglio: 'Se vuoi avere successo nella vita, devi lavorare tre giorni della settimana e studiare gli altri tre'. E così è andata: Evelina è stata assunta in Ferrero e si è laureata in Psicologia secondo la strada indicata dal signor Michele. E anche l'altro mio figlio, Alberto, è impiegato nel laboratorio della Nutella».

A Giovanni spetta la gestione della rete di vendita. Il suo ufficio è pomposamente chiamato Ufficio costi e budget. Ma in quella stanza non ci mette quasi mai piede. Continua a fare i conti sulla scatola delle sigarette, mentre è seduto al caffè Savona, o a mente, perché ha un cervello matematico («tutta la contabilità dell'azienda è qui dentro» suole dire toccandosi la fronte). In ufficio ci sta una ragioniera fresca di diploma, Agnesina Zorgniotti, iscritta alla facoltà di Economia e Commercio all'Università di Torino.

Giovanni organizza una rete di vendita efficiente e capillare. Con dodici 'Musoni', come vengono simpaticamente chiamate le versioni commerciali della Fiat Topolino, contraddistinti dal colore nocciola e cacao, dal faccione della maschera torinese di Gianduja e dalla scritta sulle fiancate 'Sono stato il primo e resto il migliore', compone una flotta iniziale completata dalla sua 1100 e dalla Topolino del fratello Pietro. I camioncini diventano quarantuno nel 1948 e salgono a centocinquantaquattro due anni dopo. La progressione da quell'anno è impressionante: ottocento fra auto, camion e furgoni nel 1955, il doppio nel 1960, poi duemila nel 1966 che l'anno successivo raddoppiano ancora. Il parco macchine della Ferrero in Italia diventa il più imponente dopo quello dell'Esercito italiano. Nel 1967 il responsabile, Giulio Paglieri, ne parla in questo modo: «Le nostre auto percorrono ventisei milioni di chilometri all'anno. Costano all'azienda (per benzina, olio e riparazioni) da settecento a ottocento milioni l'anno». I rappresentanti sono ormai conosciuti dalle Alpi al Sud. Per i negozianti spesso non hanno un nome, sono semplicemente 'il signor Ferrero'.

Spiegherà in seguito Michele Ferrero: «A noi interessa soprattutto seguire il prodotto in tutte le sue fasi: quando è frazionato nel greccio, quando prende corpo, quando esce dagli stabilimenti, quando entra nelle case dove verrà emesso il giudizio. Un giudizio che può fare la nostra fortuna o la nostra rovina. Ecco perché noi vogliamo subito conoscerlo, attraverso i rivenditori. Il loro parere, i loro consigli sono preziosissimi, per noi. Il sistema di distribuzione fu un'intuizione magnifica di zio Giovanni. Noi trattavamo e trattiamo direttamente con il singolo cliente. Noi gli portiamo la merce e almeno una volta alla settimana andiamo a trovarlo. Per rifornirlo di altra merce, naturalmente, ma anche per chiedergli notizie, per sapere che cosa va e che cosa non va. Una cosa facile a dirsi, ma un po' difficile da realizzare. I nostri clienti, i negozianti che vendono i nostri prodotti, diventeranno, con il passare degli anni, duecentocinquantamila. E con ciascuno di questi duecentocinquantamila noi ci comportiamo allo stesso modo. Sono nostri amici con i quali manteniamo contatti continui. Ci danno consigli e noi li seguiamo».

L'amicizia spiega un record della Ferrero: alcuni venditori e fornitori sono partner commerciali di Alba da oltre quarant'anni. Michele Ferrero se ne compiaceva: «Non si tratta di acquisti mordi e fuggi, ma di partner con cui si è intrapreso negli anni un cammino congiunto con l'obiettivo del raggiungimento dell'eccellenza qualitativa».

L'idea di andare direttamente al rivenditore, saltando i grossisti, usando quella che è definita 'tentata vendita', arriva allo zio Giovanni per un caso: un giorno si reca da un grossista di Milano con un carico di Giandujot e trova il magazzino chiuso. Entra in un bar per telefonare al proprietario, e quando torna all'auto trova un gruppo di persone che, attratte dal profumo delle nocciole, vogliono comprare il prodotto.

Gli agenti della Ferrero iniziano così a visitare i negozianti, consegnando loro subito la merce, e poiché all'agente spettava soltanto una percentuale sulla vendita, ciò comporta un incremento notevole degli ordini.

Il venditore ha il suo magazzino nel furgone. Si organizza anche una rete di concessionarie per sfuggire ai grossisti che monopolizzano il mercato. Del resto Giovanni Ferrero conosce bene i meccanismi del commercio: a partire dalla sua società di vendita all'ingrosso, separata da quella fondata dal fratello Pietro, la Ditta Ferrero & Cagnasso, fino alle partecipazioni azionarie di altre industrie alimentari vicine, come la Venchi Unica di Torino, un noto marchio del cioccolato di qualità, e lontane, come gli Zuccherifici Meridionali di Policoro, sulla costa ionica della Basilicata, testa di ponte per i mercati del Sud.

Racconta Amilcare Dogliotti: «Sono stato assunto nel 1954, avevo venticinque anni e avevo già il mio posto assicurato a Roma ma risposi anche a un manifesto che cercava dipendenti per la Ferrero e a quel punto, quando incontrai il signor Michele, lui mi convinse a puntare su Alba. Mi disse: 'Ma cosa vai a fare a Roma? Vieni qui con noi che andiamo in Europa'».

Il giovane laureato parte dalla gavetta, un camioncino della flotta aziendale, dove viaggia insieme a un venditore, Gianfranco Giorgi, che lo guarda male perché «la mia presenza accanto a lui gli sottraeva spazio per i prodotti». La soluzione si trova togliendo il sedile e trasformando le scatole di *Pasta Gianduja* in una specie di sgabello dove Dogliotti prenderà posto, inaugurando una carriera che lo vedrà negli anni Novanta amministratore delegato della Ferrero.

Una immagine dell'azienda la riceviamo indirettamente anche attraverso le pagine di Beppe Fenoglio. C'è uno straordinario romanzo, scritto tra il 1949 e il 1950 ma uscito postumo, *La paga del sabato*, in cui si descrive il difficile reinserimento nella vita civile del protagonista Ettore, un albese reduce dalla lotta partigiana. Suo padre gli ha procurato, grazie all'intercessione di un ragioniere, un posto nella 'fabbrica della cioccolata'. Ettore, a malincuore, per allentare la tensione che si è instaurata in casa (specie per l'apprensione di sua madre) accetta, ma la mattina in cui deve prendere servizio si nasconde in un orinatoio di fronte all'ingresso della fabbrica e spia le operaie e gli operai 'calamitati verso il grande portone metallico... La sirena alta sul terrazzino, gli sembrava che l'aria intorno alla tromba tremasse in attesa del fischio'. Dopo averci pensato a lungo, Ettore dice no con la testa, non gli va di rinchiudersi in quelle quattro mura. Un lavoro d'ufficio non fa per lui, che non sa riabituarsi a una vita ordinaria. E finisce per associarsi, in principio, a una banda di malviventi.

*

Alba cresce con il cioccolato. I duecento operai diventano duemila. Vengono dai paesi intorno, dal resto del Piemonte e cominciano ad arrivare anche dal Sud intere famiglie richiamate dalla possibilità di trovare un'occupazione nell'industria dolciaria.

In quell'arco di tempo dell'immediato dopoguerra si inserisce la prima buffa volta del 'venditore' Michele Ferrero. Lui parte da Alba con una Topolino, ha sei pneumatici di scorta, perché è facile bucare e le gomme sono sempre logore. Va a vendere ad Asti i primi trenta chili di Giandujot. Una giornata, un'impresa memorabile che porterà indelebilmente nel suo cuore per tutta la vita. La missione gli va bene: guadagna mille lire. Quelle prime mille lire – il sogno per eccellenza di ogni italiano di quell'epoca, immortalato anche da una famosa canzone – fanno da detonatore allo spirito creativo e all'energia imprenditoriale del giovane Michele.

Anche Piera si trasforma per qualche settimana in piazzista. Parte per le grandi città piemontesi e liguri. Racconta: «Solo a Torino incontrai qualche difficoltà, più di natura psicologica che commerciale. Cosa vuole, al mercato di piazza Bodoni ero l'unica donna, e mi sentivo a disagio. Ma mi feci coraggio. Qui, mi dicevo, se non ti butti non combini niente. E mi buttai. Le ordinazioni arrivarono a ondate. A Genova un rappresentante esigeva che gli fornissi in una settimana più cioccolato di quanto la Ferrero potesse produrre in un mese. Capii che era fatta. Mio marito aveva sfondato».

Dopo Asti, anche Michele parte per nuove destinazioni: Alessandria, Aosta, Genova. «Ma quando cominciai a divertirmi – dico divertirmi perché vendere non era davvero faticoso – mio padre mi richiamò in fabbrica. Da noi c'era sempre più lavoro che braccia per lavorare. Anch'io ero necessario».

Comincia così, con il richiamo in azienda, la storia del Michele Ferrero brillante imprenditore e visionario.

12
Facciamogli vedere

Alba, 1949

Pietro Ferrero, dunque, chiede al figlio di tornare in fabbrica. Fortunatamente, Michele trova un modo per coltivare una passione.

«Sa una cosa? Dapprincipio l'idea di affiancarmi a papà Pietro per far cioccolato non mi entusiasmava per niente. Neanche di venderlo mi andava gran che. Mi sarebbe piaciuto invece fare il progettista. Avevo una vera passione per le macchine, come mio padre del resto» racconta ad Alfredo Pigna. Le macchine sono quelle che papà Pietro studia durante pomeriggi interi trascorsi nell'officina di un artigiano, Pasquale Giacosa, da cui escono molte idee tecnologiche per il capannone di via Vivaro, e il giovane Michele eredita la passione paterna per tutte quelle innovazioni che consentono di migliorare i processi di lavorazione.

In principio ci mette le mani lui stesso. Racconta Moreno Cavalli, perito chimico: «Il signor Michele è stato un uomo che ha coniugato fortemente la conoscenza delle materie prime con la conoscenza delle macchine. Lui non comprava una macchina per usarla così come era stata progettata. La smontava, aggiungeva altri pezzi e costruiva una complessa macchina Ferrero. Molte delle macchine che ci sono ancora adesso sono state adattate anni fa. E lui voleva che tutti conoscessimo bene le macchine in azione in fabbrica».

Questa passione traspare dalle sue stesse parole: «Cosa vuole, su di me la macchina ha sempre esercitato un fascino particolare. Quando la vedo in movimento a me sembra che abbia un'anima, come una persona. Se siete stati nello stabilimento di Alba avrete notato quella specie di mungitrice automatica che riempie di cioccolata da spalmare le scatoline in plastica. Le chiude, le sigilla, le confeziona per essere spedite... be', di scatoline così quella macchina ne sforna ventiduemila ogni ora. Non è un prodigio?»

Ad alimentarla, la lettura delle riviste specializzate che è sempre stata alla base del suo aggiornamento costante: Michele non perde un fascicolo delle pubblicazioni italiane (poche) e anche straniere (molte), assistito nella traduzione da una giovane e promettente assistente che poi farà strada anche nel suo cuore, la signorina Maria Franca Fissolo.

La formazione continua sulle nuove frontiere tecnologiche viene incoraggiata da papà Pietro, che la condivide e che sa utilizzarla. «Mandami a Parigi, a Londra, a Francoforte, a New York» gli dice il ragazzo, «ma non a fare il turista, mandami a vedere macchine nuove, a comprarle. Abbiamo bisogno di innovazione tecnologica per crescere nella produzione e nell'occupazione».

Pietro inizialmente è un po' riluttante. «Sei giovane» risponde, «e troppo entusiasta. Va a finire che ti fregano». Alla fine però lo convince. Ottiene l'incarico ufficiale, anche da zio Giovanni, di andare a Francoforte ad acquistare una certa macchina. Torna non con una ma con tre macchine nuove. «Vedi che ti hanno fregato?» si sente dire. Zio Giovanni: «Che cosa ce ne facciamo?»

Ricorda Michele: «Madonnina mia, pareva proprio arrabbiato... Ma quelle nuove macchine erano appena entrate in funzione che già non bastavano più. Così mi guadagnai la fiducia sia del papà che dello zio».

C'è un'occasione in cui la decisiva importanza delle maestranze intese come una grande famiglia si rivela chiarissima a Michele: è l'alluvione del 4 settembre 1948, quando l'azienda, al pari di tutta la città, viene sepolta da un mare di fango. Un disastro, scrive la *Gazzetta d'Alba*, 'di cui non si ricorda l'eguale a memoria d'uomo'.

Comincia tutto un sabato mattina, dopo una notte di vento minaccioso e poi, dalle sei del mattino, una pioggia incessante, violenta. Pietro e Giovanni hanno capito il rischio e sono andati a controllare il torrente Cherasca, che ha rotto gli argini e invaso la pianura. Dalla collina d'Altavilla scrutano, oltre la piana allagata, la città e la fabbrica. Provano a farsi coraggio dicendosi che la loro azienda dovrebbe essere risparmiata dal Cherasca. E hanno ragione. Ma è un altro corso d'acqua a giocargli lo scherzo. Il Talloria, un torrentello che si getta nel fiume Tanaro a quattro chilometri dai primi capannoni Ferrero, esonda e comincia a correre con rabbia per le strade, abbatte l'angolo di una casa, sommerge il cimitero, e punta dritto lo stabilimento che si sta preparando al massimo sforzo per soddisfare le ordinazioni natalizie. In un niente la fabbrica viene investita da due metri d'acqua e terra. Le centoventi lavoratrici presenti si salvano arrampicandosi sui tetti. I due fratelli rientrano faticosamente in via Vivaro con una barca. Tutto sembra perduto.

Anni dopo Piera Ferrero ricorderà quell'emergenza

che travolse l'azienda: «Ero sola in casa. L'onda minacciosa del Talloria in piena stava per investire la fabbrica. Ero paralizzata dalla paura. I muri ressero bene al primo urto, che sollevò spruzzi fino ai vetri. Istintivamente chiusi gli occhi. Quando li riaprii, vidi un cane che nuotava in un lago da cui spuntavano qua e là una casa, un albero, la capote di un camion. Pietro era ad Alba, tagliato fuori dalla fabbrica. Fu una grossa emozione per lui, ma quando seppe che l'alluvione non aveva fatto vittime nella sua famiglia né tra i suoi operai, mi abbracciò dicendo: 'Se mi avessero detto: la fabbrica è sparita, il Talloria se l'è trascinata nel Tanaro, però non c'è neanche un morto, ebbene avrei firmato subito'. E la fabbrica fu rimessa su in fretta, lavorando duro con i suoi operai».

I danni sono enormi, a prima vista irreparabili. Quelle ore terribili sono così ricostruite nel diario di un dipendente: 'Navigavamo – è la parola giusta, non un'espressione retorica, né un'iperbole: l'acqua era alta più di un uomo e per spostarsi nei reparti sommersi usavamo barche e canotti di gomma presi in prestito dai pompieri e dai militari inviati in aiuto ad Alba da tutto il Piemonte; navigavamo in un lago dolciastro in cui si rimescolavano migliaia di quintali di zucchero, cacao, latte in polvere, mandorle, nocciole. Non si salvò dall'alluvione neppure un metro quadrato dello stabilimento. I prodotti finiti distrutti, le scorte spazzate via, i macchinari bloccati dal fango. I danni ci parvero incalcolabili. Il disastro fece temere per il futuro dell'azienda. Nessuno osava dirlo, ma lo pensavano tutti, e in particolare noi 'vecchi' della Ferrero: da un macello così non ci solleviamo più, è finita...'

A questo punto avviene però qualcosa di inaspettato. Da quella fabbrica isolata, impossibile da raggiungere da parte dei soccorsi, gli operai e le operaie non vogliono allontanarsi. Molti di loro accorrono dalle case pur minacciate. E insieme a Pietro e Giovanni cominciano a spalare il fango salvando i preziosi macchinari.

I due fratelli si prodigano lavorando con gli operai senza sosta per quattro giorni e quattro notti. «*Fieui, fomie vedde noiaotri*» facciamogli vedere, incoraggia tutti il signor Pietro in dialetto piemontese. «Mettiamoci all'opera senza aspettare aiuti che chissà se e quando arriveranno... Mi pare di sentire la concorrenza: sotto, che la Ferrero è a terra! Dobbiamo far vedere che non siamo a terra. Diamoci sotto anche noi. Dobbiamo tirarla su, l'azienda, e farla rivivere più bella e più forte di prima». Vengono mantenuti i tre turni giornalieri di otto ore, come durante la normale produzione. Ma certe squadre lavorano anche sedici ore di seguito, tra disagi immaginabili: mangiando pane e salame al mattino e anche a sera, e bevendo un bicchiere di vino. Una prova di abnegazione e di attaccamento che ripaga i Ferrero di tanta amarezza.

Per tre giorni Pietro e Giovanni fanno la spola tra Alba e Bra per portare i pezzi delle macchine in revisione. Per il resto del tempo Pietro rimane a fianco dei suoi operai finché, dopo sole trentasei ore, una parte della produzione può riprendere per tornare a pieno ritmo in dieci giorni.

Alla fine la fabbrica è salva. A chi gli attribuisce il merito di aver salvato la situazione dopo il disastro, Pietro Ferrero, schivo e modesto come sempre, risponde: «Diciamo grazie agli operai. Senza di loro che cosa avremmo potuto fare?» La ditta salvata dalla sua gente, come succederà di nuovo quarantasei anni più tardi, torna a prosperare.

A fine settembre l'incubo dell'alluvione sembra dimenticato. Ma da quel drammatico momento, tutte le volte che piove, Pietro Ferrero va personalmente a controllare il Talloria, ne misura con l'occhio il livello e la portata. Quando viene deciso di rinforzare gli argini di quel bizzoso torrentello, ne finanzia la spesa.

La produzione riparte subito, favorita anche come per altre aziende italiane dalla nascita dell'OEC, Organizzazione per la Cooperazione economica Europea, che ha lo scopo di controllare la distribuzione degli aiuti statunitensi del Piano Marshall. Aderiscono Belgio, Olanda, Lussemburgo, Regno Unito, Austria, Danimarca, Svezia e Svizzera seguiti da Germania Ovest, nel 1955, e dalla Spagna: sono Paesi nei quali il pendolo intuitivo di Michele immagina la propria espansione futura.

A novembre del 1949 la fabbrica tocca i cinquemilacinquecento quintali di prodotti, i dolci della Ferrero (Cremini e Pasta Gianduja) saranno puntualmente nelle case degli italiani per Natale. Poco prima delle Feste, mentre Pietro passeggia con il fratello sul ponte sul Tanaro, vede passare un gigantesco camion con rimorchio appena uscito dallo stabilimento di via Vivaro. Piangono entrambi di commozione. Per la prima volta hanno la misura della grandezza raggiunta dalla loro impresa.

Le fatiche e le tensioni dei giorni dell'alluvione comportano però un prezzo altissimo. Il fisico di Pietro, che pure ha rivelato durante l'emergenza una tempra forte e coraggiosa, è stremato. Qualche mese dopo, il 2 marzo del 1949, primo giorno di quaresima, il suo cuore generoso si ferma per sempre a causa di un infarto che lo coglie in fabbrica, fra i suoi operai. Ha solo cinquantuno anni.

Ai funerali, davanti al feretro e all'immenso corteo

che si snoda per le vie di Alba, avanza lentamente la sua Topolino con le corone della moglie e del figlio sulla capote. Ricorda, secondo la *Gazzetta d'Alba*, 'il cavallo che accompagna le spoglie del suo capitano caduto'. L'azienda perde il suo fondatore.

13
La Supercrema

Alba, anni Cinquanta

Pietro ha buttato il seme, fatto nascere la pianticella. Toccherà alla moglie Piera, al fratello Giovanni e al figlio Michele farla crescere rigogliosa, operando in sinergia. Michele si trova a trascorrere ore a impastare, buttare, degustare, creare, riprovare, testare, portare al consumatore, sentire i suoi rilievi, ricambiarlo e ritestarlo, andare controcorrente, osare. Anche l'errore può essere l'indicazione per qualche cosa di diverso, di nuovo.

Il nuovo decennio è segnato dalla Costituzione entrata in vigore il 1° gennaio del 1948. L'Italia è una repubblica democratica fondata sul lavoro, e a Michele Ferrero che scorre quella Carta comune degli italiani sembra di contribuire a realizzare quell'obiettivo e altri fissati nei primi tre articoli laddove si esaltano la solidarietà politica, economica e sociale, e la dignità. Si avvicinano gli anni del Boom, il miracolo economico.

Nei confronti dei dipendenti cresce l'impegno sociale dell'azienda che costruisce case a chi preferisce abitare vicino al posto di lavoro: il primo Villaggio Ferrero, del 1953, sorge nei pressi dello stabilimento; il secondo alla periferia di Alba, in località Moretta. Per gli altri, Ferrero rafforza il servizio di autobus gratuito. Vengono istituite le colonie estive, sia al mare sia in montagna, per i figli dei dipendenti.

«I dipendenti devi rispettarli, coccolarli» confida Michele ai suoi collaboratori. «Devi farli sentire imprenditori a loro volta. Dall'operaio al dirigente, devono sentire l'azienda come propria e così contribuiranno insieme alla sua crescita. E tu, imprenditore, puoi addormentarti sereno la sera».

Innovazione tecnologica, perfetto gioco di squadra e investimenti sulla conoscenza. Rovistando tra le carte, affiora un altro fattore del successo di Michele: l'aggiornamento costante sulle novità del settore, in Italia e all'estero, che gli permette di perfezionare proprio il prodotto di punta dell'azienda.

Il glorioso Giandujot, pur ottimo e vendutissimo, talvolta trasuda dalla confezione, e per questo difetto qualche commerciante si lamenta. Michele scopre in una rivista specializzata l'esistenza di una sostanza, la lecitina di soia, che ha il potere di trattenere i grassi. In Europa la lecitina è ancora quasi sconosciuta, pochi la importano. Ma lui riesce a trovarne. L'esperimento ha esito felice. L'aggiunta di lecitina rende l'impasto più stabile e permette l'avvio, nel 1951, della produzione di Supercrema, come viene battezzata quella che potremmo definire la madre della Nutella. Viene venduta in contenitori che vanno dalle latte ermetiche alle vaschette e ai bicchieri, ma anche in casette giocattolo di legno.

«Ecco un ragazzo che ci sa fare» commenta lo zio Giovanni congratulandosi con il nipote davanti allo stato maggiore dell'azienda. La Supercrema spalmabile registra l'ennesimo successo, anche con il contributo dei commercianti che aderiscono alla cosiddetta 'spalmata':

i bambini accorrono dal lattaio o dal panettiere con una fetta di pane in mano e per cinque lire ottengono una spalmata leggera di Supercrema. Per dieci, una più spessa. Racconta Nicola Blundo, trentacinque anni in Ferrero, prima come impiegato amministrativo poi come tecnico: «Sono originario di Ariano Irpino, dove i miei genitori gestivano un negozio di generi alimentari che vendeva prodotti Ferrero. Mia madre faceva marketing, diceva alle casalinghe del paese: 'Mandami tuo figlio con una fetta di pane che gli faccio assaggiare un prodotto speciale'. Era appunto la Supercrema spalmabile, l'antenata della Nutella».

Le mamme vengono convinte da quell'offerta di un prodotto di 'elevato valore energetico, ben 5.100 calorie' a sole seicento lire al chilo, abbinabile alla quantità voluta di pane. Una strategia di comunicazione vincente perché ha per protagonisti gli stessi consumatori.

Le strategie aziendali della Ferrero suscitano ammirato stupore tra gli imprenditori del Nord. In una riunione della Confindustria lombarda in cui sono presenti i Motta, gli Alemagna e altri industriali dolciari – ricorda Giovanni Raimondo, direttore vendite e marketing per l'Europa – sono presenti anche Michele e Giovanni. «Al momento in cui prese la parola lo zio, annunciato come Giovanni Ferrero, ci fu un brusìo in sala con la domanda: 'Ferrero chi?' Non li conosceva nessuno. E un'altra volta, quando incontrai Bruno Buitoni che era stupito dai progressi della Ferrero, mi chiese: 'Ma 'sto Michele Ferrero esiste davvero o lo avete creato voi?'»

Parallelamente cresce l'entusiasmo nella città di Alba. Ricorda Ettore Paganelli, avvocato, già sindaco dal 1963 al 1970: «Nel dopoguerra i giovani avevano speranza ed entusiasmo, e queste erano alimentate dalla Ferrero. I langaroli non andavano più via, i posti di lavoro in Ferrero crescevano a vista d'occhio, e che posti di lavoro! Ben pagati, aumentavano di pari passo con i fatturati, con corredo di integrazioni dello stipendio come il pullman che va a prendere i dipendenti a casa e li riporta indietro a costo zero. Una trovata eccezionale, ha evitato che Alba avesse periferie fragili nate per collocare persone venute da fuori a lavorare in fabbrica».

A questo, Paganelli aggiunge un altro particolare non secondario: «Nei primi anni Sessanta, l'azienda aveva deciso di trasferire il suo Centro direzionale a Pino Torinese. Ad Alba, qualcuno sollevò commenti, paventando un distacco della famiglia Ferrero dalla città dove l'azienda era nata, dava lavoro e produceva profitti. All'epoca, peraltro, il Comune incassava una cospicua frazione dell'imposta di famiglia (tributo abrogato qualche anno dopo) proprio dalla famiglia Ferrero: nel caso di un cambio di residenza, quell'entrata si sarebbe sensibilmente ridotta. Queste voci dovevano essere giunte alla signora Piera, la madre del signor Michele, che mi telefonò, chiedendomi un incontro in municipio. Mi offrii io di farle visita in stabilimento, dove la signora mi comunicò l'intenzione del signor Michele di trasferirsi a Pino Torinese per essere più vicino al Centro direzionale, ma al contempo mi assicurò che la famiglia Ferrero non avrebbe mai fatto mancare la sua presenza e il suo apporto alla comunità albese».

Nonostante il forte, positivo impatto sulle casse pubbliche e sull'economia globale dell'Albese (basta una cifra a illustrarne la portata: a metà anni Sessanta l'azienda corrisponde, solo ad Alba, circa sei miliardi di lire di retribuzioni all'anno), la Ferrero non vuole privilegi. Ancora l'ex sindaco Paganelli: «Il cittadino Michele era un personaggio dotato di tanta delicatezza. Avrebbe potuto, con quello che stava crescendo alle sue spalle, avere un tono molto diverso con l'istituzione comunale, invece era sempre gentile e disponibile. Un giorno mi disse: 'Vorrei che quando l'amministrazione comunale deve prendere una decisione che in qualche modo possa riguardarci, considerasse me e i miei famigliari come semplici cittadini'. Fu una lezione di serietà e civiltà, rara a trovarsi tra i rappresentanti della classe imprenditoriale d'oggi».

14
Problemi, soluzioni, talenti

Anni Cinquanta

Con un atto costitutivo datato venerdì 28 aprile 1950 presso il notaio Giovanni Ghione in piazza Statuto a Torino, entra ufficialmente in azienda anche il figlio di Pietro e di Piera, Michele. La Società P. Ferrero & C., con sede in via Gioberti 22 a Torino, è il frutto della prima, vera ristrutturazione dell'impresa, che esce definitivamente dalla fase artigianale. Il capitale versato è di sei milioni di lire, i soci sono tre, con quote uguali: la vedova Piera Cillario Ferrero, il figlio Michele e lo zio Giovanni. In famiglia si dividono i compiti in modo da ottimizzare i bilanci finali: Michele, che ora ha venticinque anni, si occupa della parte produttiva, Giovanni di quella commerciale, Piera segue attività non direttamente collegate a quelle di produzione e di marketing, sviluppando rapporti istituzionali, politici e manageriali con grande efficacia e stile. La consigliera di un geniale pasticciere con grande naturalezza si è trasformata in un'imprenditrice che dell'azienda sa misurare e comprendere tutti gli aspetti, dando a ognuno la dovuta importanza.

A fine anno il raccolto dell'attività industriale è ottimo e abbondante: gli operai sono già trecento con una produzione di 15.800 quintali l'anno che, entro poco, nel 1957, raddoppieranno.

Michele non perde mai di vista il legame con i dipendenti, volendoli incontrare già in fase di assunzione e non disdegnando di salutarli tutti, stringendo la mano a ciascuno di loro durante le visite ai reparti. «Un giorno dovevamo partire dalla fabbrica» racconta l'autista Bindello, «era l'ora in cui uscivano gli operai per fine turno. Gli consigliai di ritardare la partenza di una decina di minuti per evitare l'ingorgo. E lui: 'No, mi piace l'idea di salutarli tutti'. E così è stato. Con la stessa naturalezza era capace di invitarmi a cena, come quella volta quando andai a prenderlo con due dei suoi dirigenti dopo un rientro in elicottero da Parma dove aveva incontrato i signori Barilla, e vedendo che io mi ero fermato davanti alla porta dopo aver fatto benzina come sempre, viene verso di me e mi dice: 'Cena con noi, mangiamo qualcosa poi ripartiamo'». Mentre Bindello lo racconta gli vengono ancora le lacrime.

Così generoso, così rigoroso il signor Michele: «Era molto attento ai prezzi delle bottiglie di vino. A volte, di fronte al loro costo elevato, diceva che bisognava avere il senso del bilancio anche a tavola. E che il bilancio dell'azienda non va depauperato con spese voluttuarie. Mai andare dietro a certe mode. Non risparmiava invece sugli investimenti. Era capace di prendere l'elicottero, da ovunque si trovasse, e volare in fabbrica ad Alba, non certo per ostentare banalmente un simbolo di successo, ma per poter verificare di persona, nel modo più rapido possibile, la qualità di un nuovo prodotto».

A questo proposito l'ambasciatore Fulci ricorda un dettaglio: «Ogni volta che l'elicottero su cui volava il signor Michele passava sui cieli delle Langhe, i contadini gli rivolgevano un pensiero, un saluto. È un particolare non così scontato per altre grandi personalità che solcavano i cieli della provincia...»

È cavalleresco anche con i concorrenti, come Barilla, con il quale fa scattare una giusta competizione cooperativa in maniera che non vi siano danneggiamenti reciproci delle imprese.

Michele s'impegna per trovare soluzioni a problemi prevedibili o inattesi, date le difficoltà del tempo. Offre a tutti la sua disponibilità totale: «Portatemi i problemi, io penso alle soluzioni» lo sentono ripetere in molti. Negli anni Cinquanta, sul mercato italiano non c'è abbastanza zucchero. Una complicazione non da poco per un'impresa dolciaria, che rischia di dover ridimensionare i propri programmi di produzione. Il pericolo viene scampato perché si trova rimedio a tutto con un pizzico di inventiva in più, e quando lo zucchero scarseggia, si usa la famosa melassa, proposta a Pietro Ferrero dal fratello Giovanni già nel 1946; ma allo stesso tempo si investe nella coltivazione di barbabietola da zucchero e nella costruzione di uno zuccherificio a millecento chilometri di distanza da Alba, sulla costa ionica della Basilicata. Lo zuccherificio entra in funzione il 13 agosto del 1955 a Policoro, che è ancora frazione della vicina Montalbano Jonico e solo quattro anni più tardi otterrà lo status di Comune. Da quel momento, la cittadina conosce un costante incremento demografico che la porterà, complice la felice posizione al centro della piana del Metapontino, a essere il secondo polo economico della provincia e il quinto comune più popoloso dell'intera regione.

Frattanto nel 1951 è stato istituito il cosiddetto Ente di Riforma, con sede a Bari, il cui compito è una riforma fondiaria che interessa diverse aree agricole del Paese, tra cui la Maremma tosco-laziale, il delta del Po, il Fucino, e aree della Puglia, della Basilicata, del Molise, della Sila, di Sicilia e Sardegna. Le finalità della riforma comprendono la divisione del latifondo rispettando le piccole e medie proprietà, fornendo così aiuto ai contadini e sostegno alla piccola e media borghesia locale, promuovendo tra l'altro la creazione di aziende sperimentali e di centri di meccanizzazione agricola.

Prima di far partire a regime lo stabilimento, in collaborazione con la Ferrero, l'ente avvia la coltivazione sperimentale della barbabietola da zucchero nella pianura ionica. Lo zuccherificio attira lavoratori da tutta la costa, e pochi anni dopo, sono oltre trecento gli operai stagionali impiegati, mentre cinquanta sono quelli specializzati fissi, quasi tutti provenienti dal centro-nord.

In breve tempo gli zuccherifici di Policoro giungono a una capacità produttiva tale da assorbire non solo la richiesta locale di barbabietola, ma anche la domanda pugliese, calabrese e campana. In questa crescita è essenziale la Cassa del Mezzogiorno già prima dell'insediamento industriale. La piana del Metapontino, infatti, fertile per sua natura, doveva fare i conti con due problemi endemici: la malaria, debellata definitivamente nel 1947, e il latifondo, soppresso con una legge del 1950 dopo l'occupazione delle terre incolte che aveva provocato sanguinosi scontri tra polizia e braccianti.

Michele non disdegna di occuparsi anche del capitale umano da immettere nel mosaico aziendale di Alba. Sono memorabili le sue incursioni inaspettate in casa di giovani talenti da assumere. Michele Sansoldo, suo segretario fino al 1996 e poi presidente dei Prodotti Istituzionali, racconta: «Il signor Michele bussava letteralmente alla porta delle famiglie da cui provenivano i 'magnifici sette', cioè i sette studenti migliori usciti dalle scuole di Alba, Mondovì, Nizza Monferrato e dintorni, specie quelli che, come lui, si diplomavano nell'istituto di ragioneria. Venivano sottoposti a test appositi, con i direttori del marketing e del personale. Quelli che li superavano, sentito il parere del signor Michele che – senza farsi riconoscere – assisteva ai colloqui, venivano scelti. Ricordo che proprio il direttore amministrativo Dario Boeris fu assunto in questo modo: una sera lui era a cena con la mamma e il papà, sentono bussare alla porta, vanno ad aprire. Alla madre si presenta questo giovanotto sconosciuto. 'Buonasera, sono Michele Ferrero, cerco Dario, suo figlio'. La madre chiama il figlio che era a tavola: 'Dario, vieni, c'è un signore che ti vuole parlare'. Dario all'epoca era un dipendente di banca. Michele andò subito al sodo: si presentò, gli disse che in azienda aveva bisogno di una figura professionale come lui. 'So che lei in banca prende quarantamila lire al mese, gliene offro subito sessantamila con possibilità di miglioramento rapido'».

Significativa un'altra testimonianza di Pier Carlo Sibona, dirigente in pensione: «Entrai per la prima volta in Ferrero a diciannove anni, ero tra i primi sette diplomati dell'istituto di ragioneria. In Ferrero sono cresciuto fino a diventare direttore del personale di tutta Italia e poi d'Europa. Un giorno mi è stato proposto di dirigere la sezione Mondo, spostandomi in Lussemburgo, ma io avevo un figlio che studiava a Torino, e la casa alle porte di Torino, insomma dissi che mi era complicato accettare di andare, sia pur promosso, in Lussemburgo». Intervenne allora la moglie di Michele: «La signora Maria Franca mi chiese che cosa avrei voluto fare e io, che avevo il pallino del 'cacciatore di teste', le chiesi di poter fare questo. Pensi, fu creata una società apposita e da allora per diciassette anni ho lavorato in questa posizione. Siamo partiti che eravamo in due, quando ho lasciato eravamo in diciotto, con un ufficio anche a Milano».

Una modalità, quella di attingere ai migliori talenti delle scuole langarole, che Michele Ferrero manterrà negli anni. Ricorda l'attuale Presidente della Ferrero SpA e Segretario generale della Fondazione, Bartolomeo Salomone: «Nel 1973 – avevo diciotto anni – dopo la maturità il mio preside indicò il mio nome all'azienda Ferrero, che aveva richiesto alle scuole della zona una selezione di nominativi. Ne venni a conoscenza soltanto quando fui chiamato dalla mia Lequio Tanaro, borgo confinante con Farigliano – i miei nonni conoscevano 'i Ferrero della cioccolata' – a un colloquio preliminare ad Alba. A quel colloquio era presente anche uno psicologo che mi rivolse domande che giudicai un po' stravaganti, ma divertenti. Era per verificare, l'ho capito solo dopo, la mia predisposizione alla fedeltà aziendale, alla responsabilità e alla capacità di mediare per raggiungere uno scopo. Superai l'esame, ma feci osservare che nei miei progetti immediati c'era una laurea in Economia a Torino, facoltà alla quale mi ero appena iscritto. Ero quindi intenzionato a declinare l'invito. Insistettero: 'Stiamo cercando ragazzi di talento da formare in azienda. Organizzi il suo tempo perché le sia possibile studiare, e lavorare regolarmente retribuito, perché abbiamo bisogno di manager che si siano formati all'interno della Ferrero e che la conoscano nel profondo. Siamo certi che in questo modo lei si sentirà fortemente legato al nostro Gruppo, non ci lascerà più, perché non troverà altre aziende che la tratteranno meglio di noi'. Visione saggia e previsione azzeccata: questo fatto indimenticabile l'ho raccontato con commozione molti anni dopo al Consiglio di amministrazione della Ferrero SpA, nel giorno della mia nomina a presidente. E così ho frequentato l'ateneo torinese dividendomi con l'azienda, dove ricordo bene i due piccoli eredi Ferrero girare curiosi nello stabilimento in compagnia della loro tata tedesca che parlava loro soltanto nella sua lingua. L'attenzione alla qualità dei prodotti e la cura del personale sono sempre state altissime: il signor Michele aveva la capacità di far sentire ogni dipendente un imprenditore all'interno della sua azienda. Dall'operaio al direttore, tutti si sentivano partecipi e artefici del successo della Ferrero. Questo clima ha dato le ali per far volare l'eccellenza Ferrero in un mercato aperto: senza scialacquare e senza risparmiare, ma sempre investendo non solo in macchinari, impianti e ricerca, ma anche sulle persone».

Nello stabilimento di Alba ormai si lavora giorno e notte per soddisfare gli ordini sempre in crescita. La manodopera continua ad arrivare dalle scuole, tra i parenti nei vicini paesi agricoli sulle colline, grazie al servizio degli autobus Ferrero. La dirigenza dell'azienda, in quegli anni della ricostruzione, sa interpretare il miracolo economico senza stravolgere il territorio, come invece avviene a Torino con l'industria dell'automobile.

Sottolinea il sociologo Francesco Alberoni, nel libro per i primi vent'anni della Fondazione Ferrero: 'Vi sono dei luoghi in cui quasi miracolosamente, in un certo momento della storia, si crea una dinamica sociale e culturale straordinaria. Allora vi nascono delle personalità eccezionali e vi vengono compiute grandi opere. Tutti abbiamo in mente i periodi gloriosi di Atene e di Firenze. Ma processi analoghi avvengono anche su scala più piccola, in una cittadina, in un borgo, in periodi fecondi e fortunati. Pensiamo a Maranello, dov'è sorta la Ferrari, o a Ivrea al tempo di Adriano Olivetti. Ebbene, lo stesso è accaduto ad Alba. Qui don Giacomo Alberione, un amico stretto stretto della famiglia Ferrero, ha creato nel 1914 la San Paolo, l'azienda editoriale che pubblica *Famiglia Cristiana*, e con essa la Famiglia Paolina. Qui, soprattutto, è sorta la Ferrero, l'unica vera multinazionale italiana. E la Ferrero non è solo un'impresa ma, come la San Paolo, è una famiglia, una comunità. Anzi, è qualcosa di più perché ha interagito con il territorio, con la società civile delle Langhe da cui è nata, ricavandone linfa e nello stesso tempo arricchendola, facendola crescere'.

In quegli anni Giovanni favorisce la nascita di una scuola professionale per meccanici, elettricisti e disegnatori, e assume un'assistente sociale perché si occupi delle esigenze dei lavoratori. Si chiama Domenica Maina, ha fatto la prima esperienza in una grande industria di Torino. Comincia da sola, senza neppure una segretaria, e gli operai sono già più di duemila. Il 2 giugno del 1955 il Presidente della Repubblica Giovanni Gronchi, alla vigilia della sua visita alla Ferrero, appunta sul petto di Giovanni l'onorificenza di Cavaliere del Lavoro.

Nel frattempo, cerca di frenare l'attività tumultuosa del nipote. Teme il colpo di testa. Ma poi si convince che è meglio lasciarlo fare: la stoffa il ragazzo ce l'ha, eccome, le idee non mancano. In più, la buona stella lo segue sempre da vicino. E da Alba continuano a uscire prodotti innovativi. La stima e l'affetto, del resto, sono pienamente ricambiati: «Avevo una grande ammirazione per lo zio» ricorda Michele anni dopo. «Era una guida, una figura straordinaria e luminosa. Ma avevo anch'io le mie idee. Idee, capisce? Non capricci di ragazzo. Idee che erano frutto di studi, di applicazione, di fatica. E così qualche volta mio zio Giovanni e io ci siamo trovati in contrasto su un prodotto. Lo appianavamo subito, s'intende: un prodotto o è buono o non è buono, o va o non va. Nel 1951, due anni dopo la scomparsa di papà Pietro, io avevo creato il Sultanino, una stecca triangolare di cioccolato, piccola, che pensavo potesse servire da merenda ai bambini. Avevo trovato il sistema di sostituire al burro di cacao il burro di cocco, che tra l'altro è assai più facilmente digeribile, ma lo zio non ne voleva sapere. Temeva che il Sultanino *saponificasse*, come si dice nel nostro gergo. Io ero sicuro di no. Comprai di nascosto una macchina adatta a quel tipo di produzione e feci fare un certo quantitativo di Sultanini che spedii a una trentina di clienti. Il giorno dopo arrivò allo zio una telefonata fulminante: 'Signor Giovanni, mi mandi subito un quintale di Sultanini'. Lo zio rimase con il ricevitore a mezz'aria ed esplose: 'Ma che Sultanini d'Egitto! Io non ho mai fatto Sultanini!' 'Signor Giovanni, lei vuole scherzare. Ieri è venuto un giovanotto della Ferrero a portarmene una ventina di chili. Sono andati via come acqua. La prego...' Quel giovanotto ero io. Lo zio mi mandò a chiamare: 'Ah, dunque' mi fa, 'sei tu che fabbrichi quel cioccolato che si chiama... come si chiama? Ah sì, Sultanino'. Fingeva di essere arrabbiatissimo, ma era felice del mio successo. Madonnina mia, come era felice! Era un orso che si inteneriva facilmente. Mi abbracciò e io vidi nel suo sguardo la riconoscenza per quel che avevo fatto».

Il Sultanino è la prima creazione di Michele Ferrero, che ha ventisei anni, e dà subito risultati commerciali travolgenti. L'azienda ne produce sessanta quintali nel dicembre del 1951, duemilaottocento quintali un anno dopo. Un bel successo.

Un'altra scoperta di Michele è il Cremablock, cioccоlato ripieno di nocciola, in tavolette di piccole dimensioni. Pesa trentasei grammi e costa trenta lire. Lanciato nel luglio del 1953, ne vengono prodotti fino a dicembre quattromila quintali. L'anno dopo la produzione sale a quarantottomila quintali. Michele Ferrero sembra prenderci gusto, oltre che una certa dose di rischio.

«Per il Cremablock sono andato fino a Copenhagen a comperare la più moderna e una delle più gigantesche macchine esistenti allora sul mercato nel campo dell'industria dolciaria. Era lunga ottanta metri, sfornava dieci quintali di prodotto all'ora. Anche il prezzo era da capogiro: ottanta milioni di quei tempi. In fabbrica erano tutti terrorizzati dall'enormità di quel bolide battezzato 'la Danese'. E anche un po' preoccupati: e se non va? Madonnina mia, anch'io cominciavo a spaventarmi. Forse avevo fatto il passo più lungo della gamba. Ma andò così bene che fui costretto a comprarne altre due in pochi mesi. Ma io no, io non ho alcun merito di tutto questo... Il merito è di mio padre Pietro e di mio zio Giovanni, io ho trovato la pappa bell'e fatta...»

L'umiltà del giovane Ferrero, beneficiato – come dirà lui stesso – di un'eredità tecnica cospicua, di un patrimonio di idee e di conoscenze che lui ha però meritatamente difeso e allargato, è smentita dalle statistiche che dicono tutt'altro. Queste sono le cifre della produzione, in un periodo che vede crescere in Italia il Prodotto interno lordo (grazie alle esportazioni, tra il 1958 e il 1963 raggiunge il livello record del sei virgola tre per cento annuo): quattromilasettecento quintali nel marzo 1949 (morte del padre), trentamila quintali nell'ottobre del 1957, quarantasettemila quintali nel marzo 1961, sessantamila quintali nel novembre 1965.

Intanto la personalità di Michele cresce giorno dopo

giorno, mese dopo mese, anno dopo anno. Lui può considerarsi un apprendista privilegiato e ben presto è un tecnico completo, capace di creare il prodotto nuovo e di smontare da cima a fondo anche la macchina più complicata arrivata dal Nord Europa o dagli Stati Uniti.

Dal padre Pietro ha imparato l'arte e i segreti dell'attività produttiva, assimilando il talento naturale e la creatività. Dallo zio Giovanni apprende i segreti dell'organizzazione commerciale. Dalla madre Piera coglie l'importanza della struttura aziendale, quel sesto senso che consente di affrontare con concretezza le sfide più difficili e il fondamentale valore dei rapporti con i lavoratori ferreriani, da lui definiti 'missionari'.

Lui, in più, di suo, aggiunge la studiosa curiosità e una formidabile empatia. Rafforza le sue conoscenze con puntate nelle fiere e nei mercati italiani ed esteri.

Ricorda Francesco Paolo Fulci, già presidente della Ferrero SpA: «Una delle caratteristiche che ho apprezzato del signor Michele è di averlo visto trattare il Re del Belgio, principi, ministri e ambasciatori con la stessa affabilità e con lo stesso sorriso dolce con cui dialogava con il più umile degli operai o sindacalisti».

Ai viaggi d'affari, Michele alterna gli studi merceologici, tecnologici e di mercato. Sull'industria dolciaria nel mondo sa un sacco di cose. Ama leggere e studiare tutto quanto gli capita sotto il naso, passa ore e ore in laboratorio, cerca di capire i gusti del pubblico, che cosa fanno gli altri, per intercettare i segni del futuro e i desideri latenti dei consumatori europei. Dalle assidue letture, ricava un'intuizione supplementare per la sua creatività e passione che coniuga con la logica: non si limita a replicare quello che gli altri stanno già facendo, ogni cosa viene sperimentata e rivisitata secondo le esigenze dell'azienda. Per dirla con Enzo Biagi 'non basta vedere o conoscere superficialmente, bisogna *capire*: la lampada che il vento fa dondolare in una chiesa suggerisce al sacrestano una preoccupazione e a Galileo una legge dell'universo'.

Fiuto, visione, audacia, e anche una grande voglia di fare. Mentre gli amici vanno a divertirsi, a Michele capita spesso di passare le serate in laboratorio, proprio come succedeva al padre 'scienziato' fin dai tempi della pasticceria di Dogliani.

L'espansione della Ferrero continua e permette un rapido inserimento tra i colossi dell'industria dolciaria. Nel 1954, l'anno dell'inserimento di Amilcare Dogliotti nell'organico, è segnato dal clamoroso successo della Cremalba. Ne parla Michele: «Quarantamila quintali prodotti nei dodici mesi, i negozianti perquisivano le auto dei fornitori per controllare che non ne fosse rimasta ancora qualche scatola… Era un dolce semplice, fatto di latte in polvere, burro di cocco, uova in polvere, zucchero più una sostanza per la conservazione che è ancora oggi un segreto di fabbrica. Nessuno è riuscito a scoprirlo malgrado le analisi chimiche. E pensare che è una sciocchezza, se dicessi che cos'è tutti si metterebbero a ridere».

Il 1954 è anche l'anno del cambio del marchio Ferrero. A maggio scompare la maschera di Gianduja perché limita l'identità dei nuovi prodotti. Al centro della lunga F di Ferrero, in corsivo minuscolo, viene inserita una piccola corona, a simboleggiare le torri medievali che sono la caratteristica di Alba. «In passato erano un centinaio, oggi si contano sulle dita di una mano» spiega l'ex sindaco Tomaso Zanoletti.

Per l'occasione, Michele firma una lettera aperta:

Gentili amici, sono il vecchio Giandujot, mi conoscete tutti!

Ho lavorato tanto in questi ultimi anni, ho fatto tanta strada, ho girato città e paesi, col bello e col brutto tempo, e adesso… mi vado a riposare. Il mio lavoro è tanto cresciuto che da solo non ce la farei proprio più! Perciò lascio il mio posto al marchio più giovane, più nuovo: Ferrero Alba.

Accoglietelo con fiducia e simpatia; sotto la nuova veste, più adeguata alla migliorata e aumentata produzione, c'è il nostro amico di sempre.

Vi aiuterà, come ho sempre fatto io, a riconoscere tra i prodotti dolciari, quelli di Ferrero, tradizionalmente sani, squisiti, nutrienti e al tempo stesso economici.

La ditta Ferrero ha installato i più moderni e perfezionati impianti d'Europa per garantire una produzione sempre perfetta, sempre controllata con severo criterio scientifico, sempre costante nel valore nutritivo.

Ecco, vi ho presentato il nuovo marchio che troverete in ogni nostro prodotto. Vi sarò grato se gli vorrete bene come ne avete voluto a me.

Grazie,

Michele Ferrero

15
In Germania!

Allendorf, Germania, anni Cinquanta

L'altra molecola della formula magica del successo Ferrero è la scelta da parte di Michele – proprio lui che tiene alle sue origini e al suo dialetto al punto da dire scherzosamente: «Non sono io che devo imparare l'inglese, ma gli altri che devono approfondire la conoscenza del piemontese» – di puntare sulla penetrazione in Europa e sulla conquista dei mercati d'oltralpe.

L'iniziativa, varata un anno prima dell'istituzione del Mercato Comune Europeo, come le altre che seguiranno nella cornice comunitaria e anche fuori, al principio ha il sapore di un colpo di testa. Nessuno la appoggia apertamente, tutti fanno un poco da freno. I rischi in effetti sono grossi: il test delle esportazioni, timido e di breve durata, non ha dato risultati entusiasmanti. Non c'è la ragionevole certezza che l'estero reagisca in maniera favorevole. La famiglia preferirebbe aspettare. «Anche lo zio Giovanni era dubbioso: 'Con tutto quello che abbiamo da fare qui in Italia...' diceva» ricorda Bruno Ceretto, imprenditore vinicolo albese. Per non parlare della concorrenza: secondo l'amministratore delegato della Motta, colpito dall'audacia dell'idea estera «i Ferrero hanno trovato il modo di farsi fuori da soli». Michele però intuisce, prima di chiunque altro, quali prodigiosi sviluppi avrà l'Europa dei Sei, e non ha esitazioni. «Se non saremo qualcuno in Europa, non saremo niente neanche in Italia» insiste.

È in momenti decisivi come questi che si vede se un imprenditore ha della stoffa. «Io *volevo* la Ferrero europea» dice, calcando sul verbo. E spiega ad Alfredo Pigna: «I tempi erano maturi. Siamo stati i primi del nostro ramo in Europa a lanciarci nell'avventura del Mercato Comune. Sì, è vero, non avevamo fatto grandi sondaggi con le esportazioni. Ma perché non avevamo potuto. Tenga conto delle difficoltà del momento: soprattutto, degli altissimi dazi doganali. E tuttavia avevamo studiato a fondo l'ambiente. Credo che nessun industriale europeo – parlo sempre dei dolciari – abbia saggiato il mercato italiano quanto noi abbiamo sondato il mercato di tutti i paesi d'Europa. E il Mon Chéri, la primizia che in Italia ha avuto un buon successo, in Germania ha addirittura spopolato. Lo sa che è il cioccolatino più venduto nella Repubblica Federale? Cinquecento milioni di pezzi all'anno, suppergiù dieci a testa».

Nel 1956 la Ferrero apre in Germania il suo primo stabilimento all'estero, a centocinquanta chilometri da Francoforte, in una zona collinare che, guarda caso, ricorda le Langhe. All'inizio, «persino il manager teutonico, il signor Kurrle, che pure aveva forte simpatia per l'Italia» fa notare Enrico Bologna, che nel 1997 presiederà la Ferrero SpA, «ci sconsigliava dall'intraprendere la campagna tedesca: 'Non bene per la Germania'».

Il giovane Michele ripete tenacemente che all'estero i consumi ci sono, e là bisogna andare: «I numeri parlano chiaro: gli abitanti dell'Europa centrale e settentrionale sono formidabili consumatori di dolci e di cioccolato». Da quel momento questa diventa la strada scelta dall'azienda per espandersi: non per cercare vantaggi nei costi di produzione (come sempre più sono state intese le delocalizzazioni), e neppure per sfruttare gli investimenti attuati da soggetti locali, ma soltanto per rispondere a un'elevata domanda di mercato rispetto ai prodotti offerti.

A dar ragione a Michele arriva, l'anno successivo, il Trattato di Roma tra i sei Paesi fondatori della Comunità Economica Europea che sancisce, a partire dal 1° gennaio del 1958, l'abolizione dei dazi doganali tra i Paesi membri.

«In ditta si viveva un'atmosfera di grande innovazione, di continui spostamenti e trasferimenti dei manager in diversi angoli del pianeta» ricorda Giandonato Nicola, manager con incarichi direttivi in mezzo mondo. «Questi trasferimenti hanno contribuito a creare una visione mondiale unica, sia professionale che umana. La strategia del signor Michele era realizzare marche unificate con valenza europea e anche le problematiche non erano più nazionali, ma integrate in una visione più ampia. L'innovazione continua, il rifiuto della ripetizione del già conosciuto, il cercare nuove strade, l'aprire nuovi orizzonti differenziandosi dagli altri e, di conseguenza, anticipare i fenomeni e scoprire i bisogni latenti dei consumatori, prevedere quello che in futuro sarebbe successo. Tutto questo faceva dell'approccio del signor Michele un approccio unico».

«'Dovete andare a vedere, contattare le persone, capire i prodotti della concorrenza che condizionano i nostri...' E così ho girato il mondo» conferma Morena Salvatore, da anni nel marketing ad Alba. «Da Tokyo a

Shanghai, da Hong Kong a Pechino, da Johannesburg a Nuova Delhi... In questo ampio orizzonte geografico il signor Michele inseriva e progettava il tempo intorno agli appuntamenti segnati sulla sua agenda. Per esempio, lui sapeva che San Valentino in Italia dura un solo giorno, ma in America e in Giappone dura più giorni, è un regalo non solo per la persona amata, lo è per gli amici, per la tua insegnante, per i vicini di casa, è una festa degli affetti, e lui voleva cercare di introdurre questo concetto anche negli altri Paesi. Una festa degli innamorati a trecentosessanta gradi».

La visione di Michele Ferrero, la sua vocazione internazionale, diventerà parte di una cultura aziendale che non ha mai smesso di vivere.

Torniamo agli anni Cinquanta. Per il primo stabilimento tedesco vengono acquistati alcuni fabbricati abbandonati dopo la Seconda guerra, nei quali i nazisti, utilizzando come manodopera i prigionieri, avevano costruito armi e missili V2, un posto così segreto che non era mai stato oggetto dei bombardamenti alleati.

«Invece di armi di distruzione di massa, da quei capannoni cominciarono a uscire dolcezze di nutrizione di massa» sottolinea l'ex dirigente Attilio Seghesio.

E là, ad Allendorf, piccola comunità fra le foreste, quattromila abitanti, arrivano da Alba i pionieri dell'azienda. Come Severino Chiesa, responsabile della Ferrero Germania dalle origini fino al 1985, che pensando a quel periodo, dice: «Michele Ferrero mi ha mandato a 'combattere in Germania', ma non con i cannoni, bensì con prodotti 'per addolcire i consumatori tedeschi': missione compiuta con successo». O come il direttore tecnico Giuseppe Faussone, che ha sposato Marisa Fenoglio, sorella dello scrittore Beppe, e ci ha lasciato una preziosa testimonianza di quel periodo nel libro *Vivere altrove*: 'La Germania mi aspettava al varco il giorno delle mie nozze. In mezzo a una piccola folla di amici e di parenti si era fatta strada la voce di uno dei testimoni del mio sposo. Era il suo datore di lavoro, Michele Ferrero, colui che per l'azienda di famiglia aveva in mente grandiosi piani di espansione europea. Me li anticipò così, all'uscita della chiesa, con la gente sul sagrato di piazza del Duomo: 'Signora Faussone, vorrebbe andare in Germania con suo marito?' Due mesi dopo, Marisa e Giuseppe si installano in un paese che ha voglia di risorgere dalle proprie ceneri e tanto bisogno di manodopera, ma cova ancora molto rancore verso i nostri connazionali che stanno emigrando a migliaia. 'Non si affittano case agli italiani' è un cartello che si può facilmente vedere sulle facciate dei palazzi tedeschi.

Inizialmente i dipendenti ad Allendorf sono soltanto cinque: un ingegnere venuto da Torino, una segretaria tedesca che mastica un po' d'italiano, e tre operai di Alba: Franco Pavese, Giuseppe Negro ed Elvio Careglio. Si produce la Cremalba, una sorta di merendina che si vende in pani da duecento grammi. In sei mesi, i dipendenti diventano sessanta. Ai collaboratori arrivati dall'Italia si aggiungono i locali, assunti nei paesi vicini e portati da casa al lavoro e viceversa con il metodo degli autobus già sperimentato nelle Langhe.

Michele pensa di sfondare sul mercato tedesco con Cremalba e i successivi Cremini, invece i tedeschi vengono conquistati soprattutto dalla prima pralina Ferrero: si chiama Mon Chéri, è una ciliegia con un po' di liquore, avvolta in zucchero fondant a sua volta contenuto in un involucro di cioccolato fondente. Vendute singolarmente in un incarto rosso, le praline vengono collocate preferibilmente vicino alle casse del negozio. «Se lo chiamiamo Mon Chéri possiamo stare sicuri che tutti, senza distinzione d'età o di nazionalità, capiranno esattamente di che cosa si tratta» spiega Michele.

Il Mon Chéri conosce una fortuna inarrestabile. Nei momenti di punta della produzione arrivano dall'Italia 'le ragazze della Ferrero', come le chiama affettuosamente Piera Cillario: un centinaio di operaie stagionali che sopportano i disagi del trasferimento temporaneo e della vita lontano da casa e dalle loro famiglie. Sono ospitate a Villa Piera, elegante palazzina con annesso parco, messa a loro disposizione su idea di mamma Piera: un luogo dove, dopo una giornata in fabbrica, poter stare senza i disagi dell'emigrante. Le ragazze hanno dormitori e refettori, docce e bagni. Quattro assistenti vigilano su questo piccolo esercito femminile. La disciplina è severa: le minorenni non possono uscire da sole la sera. Ma hanno radio, televisione, giradischi, persino il cinema. E la sera spesso ballano tra loro, com'erano solite fare nelle campagne da cui provengono; sono in maggioranza pugliesi, della zona di Bari, o sarde.

Dai novanta quintali al giorno, nel 1958 si arriva a duecento, fino a diventare, «grazie anche a una indovinata campagna promozionale che mise in palio per 'le signore Müller', come le chiamava Michele Ferrero, quasi cinquecento brillanti», nel ricordo di Francesco Paolo Fulci. In breve è il cioccolatino più venduto in Germania, con cinquecento milioni di pezzi all'anno.

Non tutto, però, va alla perfezione nell'avventura tedesca: l'estate del 1959 viene ricordata in azienda come l'anno in cui Michele inventa il cosiddetto 'vallo estivo'. In quei mesi il caldo record mette a dura prova i prodotti, finendo con lo sciogliere la cioccolata nelle confezioni. Le vendite crollano e l'azienda tedesca si trova sull'orlo del disastro. I magazzini, sia di Allendorf che dei grossisti, rimangono pieni di merce precocemente 'invecchiata'. Ci vuole grande coraggio per prendere la decisione necessaria, e Severino Chiesa, responsabile della Ferrero Germania, non si tira indietro. D'intesa con Michele, esclude la vendita del Mon Chéri durante tutto il periodo estivo: meglio questo che distribuire prodotti la cui qualità è stata intaccata.

16
Con la penna sulla fronte

Anni Cinquanta

Michele Ferrero è attentissimo al business anche nel senso più concreto. In questo trova la sponda ideale nell'avvocato Franzo Grande Stevens, napoletano trapiantato nel centro storico di Torino, specializzato in materia di Diritto commerciale e societario.

«Ero un giovane avvocato» racconta oggi, «e venne da me la mamma di Michele chiedendomi due cose. La prima, di stare un po' dietro al figlio: era preoccupata perché lui, nelle rare pause dal lavoro, andava in giro a velocità non del tutto moderata con la sua macchina sportiva. La seconda richiesta era di assisterli nell'acquisto di una vecchia filanda situata nei pressi della fabbrica. Loro volevano comprarla per farci un nuovo stabilimento, ma temevano che presentarsi con il nome Ferrero avrebbe fatto immediatamente schizzare in alto il prezzo. Così io gli organizzai l'offerta 'per persona da nominare' e l'affare si concluse bene».

Michele Ferrero lo chiama a consulto per l'operazione Mon Chéri. Dopo aver lanciato la nuova pralina alla ciliegia si accorge che c'è qualcuno che sta già usando quel nome, e rischia di subire una causa costosissima.

D'altra parte è troppo tardi per cambiare in corsa un marchio che sta già avendo un clamoroso successo. Urge una soluzione: «Ne trovammo una molto brillante» spiega Grande Stevens, «a Cuneo c'era una pasticceria che da prima di tutti usava il marchio Mon Chéri. Andammo là e lo comprammo, direttamente. Così salvammo il marchio che ancora dopo più di settant'anni è fortissimo».

Sul Mon Chéri c'è anche un altro problema, che poi si riproporrà con il Pocket Coffee. Il segreto di quel cioccolatino sta nella sofisticatissima tecnica che Michele Ferrero studia personalmente per iniettare l'alcol dentro lo scrigno di cioccolato senza scioglierlo. Il rischio è che qualcuno gli rubi l'idea. Grande Stevens propone di brevettare il procedimento. Ferrero recalcitra, con qualche buona ragione.

Mentre quando brevetti un prodotto è facile scoprire se qualcuno te lo copia, brevettare un processo produttivo, e una macchina industriale, è pericoloso: significa depositare all'ufficio brevetti l'idea e il progetto della macchina che hai inventato, cosicché ciò che cercavi di proteggere diventa pubblico e disponibile. Al contrario dei prodotti di largo consumo, le macchine industriali possono essere clonate con una certa tranquillità.

«Come faccio ad andare negli stabilimenti dei miei concorrenti a vedere se mi hanno copiato la macchina?» si lamenta Ferrero con l'avvocato.

Grande Stevens escogita una soluzione. «Mi venne in mente che c'era la convenzione internazionale grazie alla quale tutti i Paesi aderenti riconoscevano validità ai brevetti registrati in qualsiasi altra nazione firmataria. E siccome alla convenzione partecipava anche l'Egitto, consigliai a Ferrero di andare a depositare il brevetto per la macchina dei Mon Chéri al Cairo. Per un concorrente sarebbe stato difficile immaginare che proprio ai piedi delle Piramidi fosse custodito il segreto di Ferrero, perdipiù il ponderoso documento era scritto in arabo, dopo una lunga e laboriosa opera di traduzione, e insomma, a quei tempi era abbastanza improbabile che qualcuno andasse fin là a scoprire e copiare la tecnica di produzione dei Mon Chéri».

Tra Grande Stevens, che non a caso diventerà il legale dei principali gruppi industriali italiani, e Michele Ferrero l'intesa è totale. «Mi raccontò uno dei suoi segreti per la messa a punto dei prodotti» ricorda l'avvocato. «Aveva trovato un supermercato in Lussemburgo che accettava di mettere in vendita sugli scaffali i suoi nuovi prodotti ma senza marchio Ferrero. Alcuni incaricati facevano la posta all'uscita e intercettavano le signore che avevano comprato quelle cioccolate, offrendo loro un compenso per farsi intervistare. Andavano negli uffici e Michele, che da dietro una parete ascoltava attentamente, suggeriva le domande giuste agli intervistatori». E così, in incognito, capiva perché le sue novità piacessero o meno alle clienti.

Ferrero stesso ama entrare nei supermercati e provare tutti i prodotti che lo incuriosiscono o di cui teme la concorrenza. Vuole vederli di persona, toccarli, sentirne il gusto. In questi blitz, secondo le leggende aziendali, è accompagnato da un addetto che raccoglie le carte dei dolci assaggiati in loco e le porta alla cassa per pagare. Sostiene Antonio Buccolo, responsabile per anni del Centro Elaborazione Dati, che il grande successo dei Mon Chéri è dovuto alla grande capacità creativa, e che quella capacità nasce dall'esperienza e dall'osservazione: «Il signor Michele fuori dal supermercato, a scelta avvenuta, chiedeva alle persone: 'Perché l'ha comperato?

Per chi lo compera?'. Traduceva le esigenze del consumatore in un prodotto inimitabile e unico, accessibile a tutte le persone».

Anni di lavoro prima di lanciare un nuovo prodotto, con l'ambizione di farlo durare per sempre. E così andrà: dal Mon Chéri in poi, quasi tutti i prodotti Ferrero verranno consumati da generazioni diverse. Molti nonni di oggi li hanno mangiati da bambini.

Il modello di espansione in Germania, le sperimentazioni e i test efficaci che portano al lancio del prodotto da Allendorf, il saggio metodo di lavoro portato avanti da Severino Chiesa, che dalla Germania in poi sarà per ventotto anni ai vertici aziendali («'Don Severo', lo chiamava il signor Michele» ricorda Gabriele Maletto, chimico industriale, ispettore tecnico di produzione): queste cose verranno studiate per essere applicate in altri Paesi, europei e non.

Mai una battuta d'arresto, un momento difficile? Michele Ferrero risponde così al cronista che nel 1962 lo interroga: «Crisi no, per carità. La parola non esiste nel nostro dizionario e speriamo di non doverne mai conoscere il significato per esperienza diretta. E neppure, direi, momenti di vera e propria difficoltà. O forse una. Nel 1955. Una società lanciò sul mercato un certo numero di prodotti assai simili ad alcuni dei nostri che in quell'epoca andavano per la maggiore e tentò di distribuirli con lo stesso nostro sistema, portandoli direttamente al negoziante. Con milleduecento automobili. Noi ne avevamo allora ottocento. Be', fu una lotta dura. Adesso è passata, il tempo sfuma le cose e toglie drammaticità agli eventi. Ma, a ripensarci, fu davvero un momento difficile, il secondo dopo la morte di mio padre. Zio Giovanni si impegnò a fondo per contrastare la minaccia di quel concorrente ricco, ma improvvisato. Morì due mesi dopo che l'organizzazione avversaria era crollata. Anche lui per infarto come mio padre, a cinquantadue anni, il 25 ottobre 1957. Quando anche lui morì, il dolore fu forte, sempre sul piano dell'affetto. Ma ormai mi sentivo capace di fare da solo, e tutti mi furono molto vicini. I collaboratori di mio padre e di mio zio spalleggiarono me e mia madre con straordinaria efficienza, fecero addirittura quadrato attorno a noi».

Inutile nascondersi che la scomparsa di Giovanni segna per l'azienda un momento di sconforto e sbandamento. Carlo Marchisio, entrato in Ferrero tre anni prima, confessa: «Quando è mancato il signor Giovanni, molti dicevano: 'Siamo finiti!'» Anche Franco Montanaro, classe 1938, quarantatré anni in Ferrero, ha un ricordo di quei giorni: «Ho saputo dai giornali la mattina dopo della scomparsa del signor Giovanni. Ho preso la macchina e sono venuto ad Alba, sono entrato nella camera mortuaria dove c'era il povero Giovanni e il caso ha voluto che lì ci fosse il signor Michele. Mi ha messo una mano sulla spalla e mi ha detto: '*Daje, che i la fuma*', ce la facciamo».

Quella convinzione Michele la esterna poco dopo anche agli operai schierati nello stabilimento di Alba, facendo appello all'unità e alla collaborazione per il bene dell'azienda. Ha un groppo in gola, però. Parla brevemente, la commozione gli impedisce di esprimere per intero il suo pensiero.

Tre giorni dopo, infatti, fa ricorso a una lettera indirizzata a tutti, ai collaboratori esterni e ai viaggiatori lontani, quelli che niente li fermava, neppure una strada impercorribile se non a dorso di mulo.

Carissimi, dopo l'angoscioso smarrimento provocato dalla dolorosa e immatura perdita del cavalier Giovanni Ferrero, mio Zio, abbiamo ripreso il cammino da lui tracciato, trovando una maggiore vigoria di spirito e di volontà.

L'intima pena non ci ha curvati: la tristezza per la Sua assenza accompagna, in noi, il patrimonio di bontà, di genialità e di volontà da Lui lasciato, potente stimolo per la fiduciosa continuazione del nostro lavoro.

La dimostrazione di affetto e di sincero cordoglio spontaneamente e unanimemente offerto da tutti i collaboratori, per la quale sento il dovere e il vivo desiderio di porgere il mio commosso ringraziamento, mi ha fermamente convinto del forte vincolo di fratellanza che ci lega e che pone la nostra Azienda, com'era negli intendimenti dell'amato Zio, sul piano di una grande e unica Famiglia.

Grandi erano le sue doti, note anche a coloro che non ebbero la fortuna di conoscerlo personalmente. Non potremo mai dimenticare la figura di lavoratore e di uomo, l'eccezionale vitalità, la personalità completa e fascinante che in lui trovavano luminoso risalto.

Il nobile cuore e l'animo Suo elevato di tratti, di idee e di propositi, ci aveva legati a lui con sentimenti di grande ammirazione ed emozione: è ora nostro dovere conservare questi vincoli, questi sentimenti, che meno doloroso sapranno rendere il Suo materiale distacco.

È per me motivo di grande consolazione constatare che i Collaboratori della Sede, operai e impiegati, nonostante l'abbattimento per la dolorosa perdita subita, hanno già dimostrato la decisa volontà di riprendere con maggiore impegno il lavoro, portando ad altissimo livello la produzione.

Non ho il minimo dubbio che anche Voi, Collaboratori alle vendite, saprete dimostrare, nel lavoro, la Vostra ferma volontà di dare un maggiore impulso alla nostra grande organizzazione.

La collaborazione fattiva sarà ancora alla base del nostro lavoro e a essa si ispireranno costantemente i nostri amichevoli rapporti: l'Azienda sarà, come sempre è stata, alle vostre spalle, forte e amica.

Ognuno di voi potrà esporre a me, liberamente, le proprie opinioni, farmi partecipe dei propri problemi e io saprò dare a Voi tutti quella soddisfazione che meritate e che ardentemente desidero abbiate.

Personalmente mi impegno a dedicare ogni mia attività e tutti i miei intenti a questa nostra Azienda, affinché Essa abbia a proseguire, alla luce dell'esempio dato da mio Padre e da mio Zio, nel cammino finora percorso, assicurandoVi che mi riterrò soddisfatto solo quando sarò riuscito, con fatti concreti, a garantire a Voi e ai Vostri figli un sicuro e sereno avvenire.

L'unione delle nostre volontà e delle nostre fatiche saprà farci sicuramente raggiungere le brillanti mete che ancora ci attendono. Con questa ferma convinzione porgo a Voi e alle vostre Famiglie il mio più cordiale saluto.

Alla vedova di Giovanni, Ottavia Amerio, altra bella figura della squadra ferreriana, viene assegnata una somma decretata con un lodo arbitrale. Onorerà la memoria del marito dedicandosi a opere di bene, tra cui un istituto per bambini disabili ad Alba.

Michele sente in prima persona la grande responsabilità verso l'azienda e verso i lavoratori, perché, come confida all'ingegner Vincenzo Sibilla: «Se una barca va nel fosso, ci sono migliaia di famiglie che vanno nel fosso a loro volta. Questo pensiero mi fa dormire poco, devo trovare nuovi progetti, nuove idee, nuovi prodotti». Offre a tutti la sua disponibilità totale: «Portatemi i problemi, io penso alle soluzioni» torna a ripetere a molti.

«Ma quando il problema sembrava irrisolvibile, il signor Michele ci riuniva e ci dava coraggio, e poco alla volta la situazione veniva collegialmente risolta» ricorda ancora Maletto. Soluzioni spesso costose, sempre di tasca propria.

Una strada sintetizzata dall'ex presidente della Ferrero, Francesco Paolo Fulci: «Michele Ferrero ci ha insegnato che per eccellere nel mondo dell'imprenditoria bisogna avere coraggio per affrontare i rischi d'impresa. Non devi chiedere mai niente, non aspettare aiuti esterni, improbabili contributi che alla fine potrebbero portare al crollo di tutto».

E quando a Fulci viene chiesto quali consigli darebbe ai giovani imprenditori, risponde: «Lavorare, lavorare, lavorare; essere sempre connessi con il lavoro; fare il prodotto buono al giusto prezzo, per rispetto del consumatore; mai speculare; investire in ricerca, tanta ricerca per scoprire i desideri latenti della signora Valeria, prototipo dei consumatori e ideale amministratrice delegata che Michele considera al vertice dell'azienda. E avere pazienza perché a volte noi andavamo avanti anche per anni a fare i test. Questa è stata una caratteristica costante dell'imprenditore Michele. La sua filosofia non era certamente quella di chi spreme un limone finché ne cava una goccia, e poi lo getta via, senza nessuna visione; no, lui si occupava di ogni prodotto con dedizione, gradualità, fiducia nelle sue potenzialità: se i primi due anni non porta soldi non importa, occorre pensare sulla distanza di cinque, sei anni. Pensare in grande».

Quella della ricerca è la sua virtuosa ossessione. Il suo modo di lavorare, nelle parole di Gian Luigi Viglino: «È stato sempre coerente: rigorosamente sperimentale e instancabilmente creativo». Dopo ogni riunione in cui

Michele Ferrero seguiva di persona ogni variazione nella formula dei prodotti già di successo, era d'obbligo parlare di ricerca e sviluppo, quella che lui chiamava «la linfa che alimenta l'albero della prosperità».

Ricerca di prodotti, ricerca di talenti capaci di risolvere problemi di emergenza. Come Gabriele Maletto, assunto da Farmitalia per l'esperienza accumulata nella lotta biologica, che racconta: «Scoprimmo con grande dispiacere che alcune confezioni di Ferrero Rocher erano state invase da larve di lepidotteri. Da un esame più approfondito il lepidottero causa del disastro era una micidiale farfallina Plodia, tipo le tarme della lana, assai famelica, capace se fecondata di deporre dalle duecento alle quattrocento uova per volta. Viste le mie sufficienti nozioni di entomologia, il signor Michele mi ha lasciato carta bianca al fine di risolvere il nefasto problema. Andai all'università di Torino, consultai alcuni docenti che già conoscevo e studiammo il fenomeno. Il risultato per noi benefico fu adottare particolari trappole contenenti feromoni, particolari ormoni emessi dalle femmine di Plodia. I maschi, attratti dagli ormoni femminili, cadevano nelle trappole e morivano; le femmine, non venendo più fecondate, non potevano più procreare. L'inconveniente venne ulteriormente migliorato sistemando dei potenti soffioni di aria compressa sopra le porte di ingresso dei reparti. Il getto d'aria allontanò definitivamente le farfalline intruse e il problema – con grande gioia del signor Michele – fu risolto».

È un periodo esaltante, quello del Boom economico. Visti gli eccellenti risultati, ci sarebbe motivo per gonfiare il petto di legittimo orgoglio, ma Michele continua a schermirsi, rovesciando i meriti del successo su quei due fratelli che partirono da Farigliano con un unico patrimonio in testa, la parabola della semina, il lascito di nonno Michele a Pietro e Giovanni. «Seminate con sapienza» ripete, «sappiate che gran parte dei semi vanno fuori dal terreno giusto, altri vengono mangiati dalle gazze... quelli che vanno nel prato giusto, nell'humus fertile, vanno curati, fatti crescere bene, con uno sviluppo lento e attento. La lentezza garantirà la qualità dei frutti».

«Il merito è tutto di mio padre» sostiene, «partito da zero per lasciare un'impronta nella storia dell'industria italiana, e di mio zio. Hanno lavorato sodo. Non credo si possa lavorare più di quanto abbiano fatto loro e, sotto molti aspetti, sono stati dei precursori. In ogni caso l'uno e l'altro mi hanno lasciato un'eredità tecnica cospicua, un patrimonio di idee e conoscenze che io ho difeso e allargato. Non ho altri meriti che questi. Sono stati loro a capire cose importanti molto presto».

È una fase storica e certo faticosissima, che richiede una moltiplicazione degli sforzi per affrontare la competizione crescente: «La concorrenza è sempre dura, occorre essere vigili di continuo» avverte Michele. Lui, ad appena trentadue anni, è solo con la madre alla guida di un'impresa in pieno sviluppo. Per quanto tenda a far passare in secondo piano i propri meriti, dimostra di possedere, oltre alle doti ereditate dal padre e dallo zio, una visione che allarga l'orizzonte in direzione dei mercati esteri, cogliendo nuove opportunità, non senza una dose di audacia («osare, osare, osare» è uno dei suoi motti) e, perché no, di fortuna.

Fortuna che Michele non esita ad associare a una componente soprannaturale che spesso compare nel suo intercalare di imprenditore profondamente religioso: 'Madonnina mia'.

Ricorda l'autista Bindello: «Era appena finita una riunione importante, lui aveva avuto una parola dolce per tutti ed era già salito in macchina quando si è avvicinato un giornalista e gli ha chiesto secco: 'Signor Ferrero, ci dica il segreto del suo successo'. Lui mi ha fatto abbassare il vetro e altrettanto seccamente gli ha risposto: 'Mi assiste la Madonna di Lourdes'. E all'intervistatore incredulo ha aggiunto: 'Senza il suo intervento, noi possiamo poco'».

Anni dopo, Michele preciserà l'origine di quel suo modo di dire: «È un'abitudine che presi nel 1957, dopo il primo pellegrinaggio aziendale al santuario francese di Lourdes. Tornammo in Piemonte con una statua della Madonna, che sistemammo in una nicchia ricavata nel cortile dello stabilimento di Alba. Quella statua c'è ancora adesso. Mi ha sempre protetto. Da allora tutti gli anni organizziamo un pellegrinaggio per i dipendenti».

E una statua come quella si trova in tutte le sedi Ferrero.

È possibile che la devozione nei confronti della Signora di Lourdes sia stata favorita da mamma Piera, che di fronte alla prematura perdita del marito avrebbe fatto un voto per proteggere il figlio unico Michele dalla sorte toccata al padre. Un'ipotesi sostenuta dal fatto che la signora Piera era presente a quel primo pellegrinaggio.

«Si andava tutti gli anni e io ho il privilegio di aver partecipato sin dal primo pellegrinaggio» racconta Dina Fiora, entrata in Ferrero nel 1955 da un paesino del Roero, amichevolmente chiamata 'la maestrina' perché all'inizio è l'unica ad aver completato gli studi superiori (nel 1979 diventerà dirigente). «Con il signor Michele, che allora aveva trentadue anni, c'era la madre Piera, una persona vera, simpatica, spiritosa, generosa e molto attenta, la quale ci spiegò che il pellegrinaggio, nel cammino dell'umanità e in ogni tradizione religiosa, è un'esperienza fondamentale. Lo diventava ancor di più in un periodo in cui la ricostruzione aveva bisogno di un forte ancoraggio alla fede. Questo spiega la fortuna che ebbe, nel dopoguerra, la cosiddetta *Peregrinatio Mariae*, che aveva diffuso negli strati popolari italiani la devozione mariana».

In azienda la statua della Madonna viene accolta con rispetto anche dai non credenti. «Pensavamo che quella statua nello stabilimento fosse un elemento di unione» racconta ancora Antonio Buccolo. «Se ci passavi davanti, e ci passavamo ogni mattina e ogni pomeriggio e ogni sera, il pensiero era: 'Al di là del credere o non credere, al di là del valore e del mistero religioso, tutto quello che si vuole, Lei c'è, ci protegge'».

E a lei va il pensiero di Ferrero anche quando, nell'autunno di molti anni dopo, una seconda inondazione colpisce lo stabilimento. «Quando, alle tre e mezzo di notte, in quel terribile giorno del novembre 1994, la fabbrica è finita sotto l'acqua e il fango» spiega l'autista Bindello, «ho portato in via Vivaro il signor Michele, e lui mi ha chiesto: 'Ci sono morti?' 'No, per fortuna'. 'E la statua della Madonna?' La furia dell'acqua l'aveva buttata giù, in mezzo al fango. Lui, in quell'atmosfera surreale dove un insopportabile odore di cacao, liquore e nocciole era misto a spazzatura di ogni genere, l'ha presa tra le braccia, l'ha ripulita, l'ha fatta asciugare dentro un forno ancora attivo e mi ha chiesto di assicurarmi che tutte le mattine venisse pulita».

La stessa devozione, Ferrero la dimostra in occasione di un'altra inondazione, che stavolta non riguarda lo stabilimento. Racconta Francesco Paolo Fulci: «Una volta la grotta dell'Apparizione a Lourdes fu sommersa e semidistrutta dalle acque straripate del fiume Gave de Pau, che attraversa la città francese. Lui si offrì di ricostruirla a sue spese, ma a una condizione: che non si sapesse prima della sua morte».

La Madonna fa parte della sua vita privata, ma anche di quella professionale. Michele non fa nulla per nascondere che alle sue ispirazioni contribuisce in qualche misura anche lei. E quando prega la Madonna, è come se entrasse in estasi. Chi va a trovarlo in via Vivaro, talora lo scopre in una posizione singolare: seduto con un blocchetto di appunti sul tavolo e con una penna all'altezza della fronte, in riflessione. Una posizione che un giorno preoccupa Giulio Coppi, giovane avvocato coinvolto in molte operazioni della Ferrero negli anni della partenza aziendale. Coppi chiede preoccupato al dottor Caruso: «Ma il signor Michele soffre di mal di testa? Lo vedo che si tiene la fronte...» Si sente rispondere: «La prossima volta lo osservi bene. Lui ha una penna in mano all'altezza della fronte. Quella è la penna presa a Lourdes e lui la usa perché gli sembra che la Madonna ispiri le sue idee». Con quella penna firma infatti tutti i contratti più importanti. Per lo stesso motivo, ogni anno i nuovi prodotti vengono portati a Lourdes, e ai dirigenti il signor Michele fa giurare che rispetteranno l'impegno preso di portare avanti quelle novità firmate Ferrero.

Per lui la missione mariana a Lourdes è una forma di ritualità. Franco Truscello, del reparto Ricerca e Sviluppo, suggerisce un'interpretazione: «Ricorda le parole della volpe al Piccolo principe, nel capolavoro di Antoine de Saint-Exupéry, sull'importanza dei riti? 'Se tu vieni, per esempio, tutti i pomeriggi alle quattro, dalle tre io comincerò a essere felice. Col passare dell'ora aumenterà la mia felicità. Ma se tu vieni non si sa quando, io non saprò mai a che ora prepararmi con il cuore'... Ci vogliono i riti e il signor Michele ne introdusse uno potente».

Insieme alla Madonna di Lourdes, la sua devozione sarà rivolta alla Madonna Ausiliatrice, un principio di devozione che risale ai tempi vissuti a Torino, perché lì passa a salutare la Madre di tutti i cristiani nella basilica vicina al mercato di Porta Palazzo. E a lei si rivolgerà anche quando vivrà in Costa Azzurra, andandola a trovare nel santuario della Madonna del Laghetto, a pochi chilometri da Nizza. Religiosissimo, ma con leggerezza: «Una volta ci ha sorpresi dicendoci che nel suo portafogli portava una mazzetta di santini. 'Io li prego tutti, ce ne sarà qualcuno, uno almeno che mi ascolti e che mi aiuti'» ricorda Teresio Ugo Marasso, perito chimico.

Sempre alla fede, l'autista Bindello attribuisce quanto accadrà una notte nella casa in Costa Azzurra. «Mi chiama l'infermiera che assisteva il signor Michele e mi dice che lui mi vuole vedere con urgenza. Io lascio l'albergo e lo raggiungo. Aveva lo sguardo sorpreso di un bambino. Mi dice: 'Serafino, sai che cosa è successo? Te ne parlo, ma tu non dirlo a mia moglie perché lei non ci crederà... Ho spento la luce per addormentarmi e la luce si è di nuovo accesa. L'ho fatto più volte, più volte una luce calda e bianca è tornata fino a quando ho visto un alone bianco come quello che avvolge la Madonna. Poi il bianco e il calore sono svaniti e solo allora sono riuscito a spegnere definitivamente la lampada».

A dire il vero, però, la moglie Maria Franca non gli farà mai mancare il proprio appoggio: «A dargli forza contribuiva la sua fede e giustamente lui attribuiva alla Madonna un ruolo importante per il suo successo. Mi domando perché spesso gli altri mi guardano perplessi al conoscere questo particolare biografico. La fede non toglie nulla a una persona, anzi l'arricchisce».

17
La stanza della Chimica

Anni Sessanta

Negli anni mitici che i libri di storia associano al miracolo economico, la Ferrero cresce esponenzialmente. L'innovazione continua a manifestarsi nel lancio di nuovi prodotti ma anche nell'utilizzo di forme promozionali di assoluta originalità.

Nel 1958 viene inaugurata una sede commerciale in Belgio e parte degli uffici, con la direzione generale, sono trasferiti in corso Marconi a Torino. Nello stesso anno, Michele Ferrero acquista la IDAM di Pozzuolo Martesana, venticinque chilometri a est di Milano, che precedentemente gli ha fatto concorrenza utilizzando la rete distributiva della Galbani. Lì incomincia a sperimentare i cosiddetti 'prodotti da forno' per entrare nel nascente mercato delle merendine destinate ai bambini. A loro Michele dedica una nuova, felice idea: il Treno dei bimbi, che ha intravisto in un circo equestre a Montpellier, e che gli ha richiamato il trenino di zucchero esposto in vetrina dal padre Pietro, quello che aveva incantato e ingolosito i piccoli di Dogliani nel 1923. L'obiettivo è donare loro stupore, divertimento e dolcezze. Così questo autocarro carrozzato da treno, lungo quasi undici metri, appare puntuale in occasione di feste e carnevali, fiere e altre manifestazioni, e distribuisce ogni volta quintali di caramelle e cioccolatini, matite e pennarelli.

L'idea ha un richiamo eccezionale. Per molti bambini, viaggiare su un treno è un sogno e vederlo passare è già un avvenimento. In tanti paesi la ferrovia non passa neppure. «Era una festa vedere i piccoli inseguirci senza mai mollare, pareva che volassero tanto erano felici» ricorda Vittorio Novello, che lo ha guidato dal 1963 al 1968. «Partivamo dalla Valle d'Aosta e arrivavamo in piazza San Marco a Venezia e fino in Sicilia. Tornavo ogni tanto a casa, ma non vedevo l'ora di ripartire con il trenino per percorrere le città e rendere felici altri bambini. Facemmo persino due Giri d'Italia nel 1967 e 1968 insieme a Eddy Merckx, Felice Gimondi e Franco Bitossi. Fu indimenticabile, eravamo sempre circondati da giovanissimi che ci chiedevano le famose caramelle mou. Erano morbide, piacevano e si facevano masticare. Posso dire di aver fatto felice un bel pezzo d'Italia con quel marchingegno».

Spiega Gianlorenzo Seletto, della Divisione Ricerca e Sviluppo: «Lui voleva entrare nella testa del consumatore festoso. Si interrogava, per esempio, su che cosa volesse donare la nonna indiana al nipotino in occasione del Kumbh Mela, la grande festa indù sul fiume Gange, e intercettare i suoi desideri latenti. Ci invitava ad approcciarci al prodotto come se fosse una festa».

Il Treno dei bimbi si rivela un successo pubblicitario senza precedenti. Ad accorgersene sono anche gli esperti di comunicazione: a Sanremo vince infatti un concorso per veicoli pubblicitari. Con il tempo subirà diverse trasformazioni e oggi è conservato ad Alba, in un'autorimessa nei pressi della Fondazione Ferrero insieme a un'altra bandiera, la Topolino del signor Pietro Ferrero, tenuta con ogni cura, sempre pulita e lucida, con il pieno d'olio e di benzina. Pronta a ripartire anche subito.

Il calendario del Treno dei bimbi è fittissimo, ogni giorno si aggiunge una tappa. Per tenerne memoria viene preparato un tabellone. Michele lo fa sistemare alle spalle della sua poltrona: una sorta di palinsesto in cui annota, regione per regione, data per data, un centinaio di feste in Italia e nel mondo, quasi a sottolineare visivamente il suo motto 'Non c'è festa senza la Ferrero'.

Quel grande pannello si trova ancora oggi ad Alba nella 'Stanza della Chimica', la cabina di regia dell'Olimpo ferreriano, la culla dei prodotti. Una frase ricorrente di Michele è proprio «*vag 'n chimica*», dove ogni volta che c'è bisogno di grande concentrazione per decisioni importanti, fa chiudere tutte le finestre e con i collaboratori più stretti assaggia, ripulisce la bocca dal sapore precedente, riassaggia, prova e riprova decine di combinazioni. Quando è là dentro perde il senso del tempo, non sa che cosa accade fuori, se sia giorno o notte. Ricorda ancora Seletto: «Un giorno abbiamo fatto settanta assaggi in poche ore: tutte quelle prove per valutare la reazione del prodotto... Insomma, il signor Michele era un perfezionista all'ennesima potenza».

In quelle riunioni, che talora durano anche un giorno intero, chi si distrae viene rimproverato. Quando Ferrero vede che qualcuno non segue, si spazientisce: «Ma perché vieni qui, se non sei sulla mia lunghezza d'onda?» Si arrabbia non per gli errori, ma per la mancanza di vibrazioni, per la scarsa partecipazione alla sua stessa tensione, alla voglia di capire, di conoscere cose nuove. E al centro di tutta la sua creatività e delle energie della squadra mette la qualità del prodotto.

«Deve esserci un'armonia di suoni, un coro di sapori, quello che rovina tutto fatelo uscire, sceglie te solo quelli dalle note più delicate» sono le parole di Ferrero secondo Morena Salvatore. Un altro testimone di quegli incontri di messa a punto del prodotto, Teresio Ugo Marasso, ricorda un'altra frase ricorrente: «Ditemi pure che sono un matto, però fate quello che dico io. Voi tecnici dovete realizzare il prodotto, poi io come imprenditore decido».

È convinto delle proprie idee, il signor Michele, ascolta gli altri ma quando serve fa di testa sua. Definisce i suoi collaboratori 'la fonte delle mie ricchezze, li porto tutti nel mio cuore'. Molti conservano i suoi biglietti di lode. 'Caro Giachino, hai trovato la strada giusta' scrive a Giuseppe Giachino. 'Sei sulla buona strada, avanti tutta!' a Franco Genovese. Sa anche intuire il limite di sopportazione di un dipendente. Racconta Franco Bruno: «Ero a capo del laboratorio delle praline, e a lui non andava bene quello che gli portavo. Se gli portavi diamanti, lui voleva qualcosa di più. Un giorno mi decido: domani vado in Chimica e gli annuncio le dimissioni, anticipai a mia moglie. Comprerò una pasticceria e tornerò al mio precedente lavoro. La mattina dopo mi vedo venire incontro il signor Michele che mi fa, sorridente: 'Franco, vieni qui...' e da quel giorno ha girato pagina».

La stanza della Chimica è il suo mondo magico. Là dentro il mondo esterno, con il suo rumore e le distrazioni, smette di esistere. Tra quelle quattro pareti, tutto può accadere. Assaggia, seleziona materie, miscela molecole diverse, interroga le reazioni dei collaboratori fino a quando tutta la squadra non si trova d'accordo. I pezzi singoli passano dallo sguardo al tatto, dall'olfatto al gusto. È quasi teatro. Ferrero mette i prodotti al centro del tavolo e comincia a dialogare: «Tu, nocciolina del Piemonte, che sei così bella, ti piace quel cacao?» Li fa vivere. Con i suoi addetti alla Chimica ha un suo linguaggio che non è il linguaggio della fatica ma dell'immaginazione creativa, di una passione da innamorato. Nei suoi prodotti c'è sempre lui, Michele Ferrero, la sua ricerca, il suo tempo dedicato a perfezionare 'il conforto', come usa chiamarlo.

La futura associata Soremartec (Société de Recherche de Marketing et Technique), nata nel 1990 in Lussemburgo e dedicata all'innovazione dei prodotti, al rinnovamento dei sistemi di produzione, fino ai test di mercato, sarà la sua espressione: in questo centro ricerche i tempi decisionali saranno lunghissimi. Per mettere a punto il prodotto, testarlo, lanciarlo, a volte dall'idea iniziale al prodotto sullo scaffale, potranno passare anche cinque o dieci anni.

Ferrero, che usa spesso immagini metaforiche per chiarire ai collaboratori il proprio pensiero, per giustificare questo impegno e questo tempo si affida alla parabola della semina, la stessa consegnata dal nonno al padre e dal padre a lui, che è sempre nella sua memoria: selezionare le sementi, seminare, avere cura, dare tempo alla maturazione del prodotto, raccogliere. Così per la nascita e la crescita dei prodotti bisogna avere le stesse attenzioni.

Alla fine delle riunioni affida ai suoi collaboratori un pacchettino con le diverse varianti: «*Ca lu fasa tasté a sua fumna*», lo faccia assaggiare a sua moglie; e il verdetto delle donne di casa sarà spesso decisivo.

Chiude generalmente con un invito: «Ricordatevi: *ca piasa a madama Valeria*», che piaccia alla signora Valeria. Ha scelto quel nome per la destinataria ideale della sua grande passione e della sua missione: la Valeria è la consumatrice media italiana, cliente esigente, attentissima alla qualità, ai costi, ai dettagli. Ricorda un collaboratore, Antonio Do: «La sua grande cura era per lei. Quante volte ci ripeteva: 'Ricordatevi che se siamo bravi, la signora Valeria ci compra e io posso pagare tutti voi. Se non ci compra, io posso pagarvi per un mese e poi vi devo mandare a casa. Per questo sono io il primo servitore della Valeria. Però, per essere servitore, bisogna amare qualcuno, se no non sei servitore. Posso perdere dei soldi, ma non dobbiamo perdere la sua fiducia perché se perdiamo la Valeria abbiamo perso tutto'».

Su una lavagna nella stanza della Chimica si trova ancora traccia delle norme indicate dal signor Michele per raggiungere l'unicità eccellente, bussola ideale per i nuovi imprenditori. 'Se vuoi andare in fallimento, ascolta tutti. Senza essere tu a prendere la decisione finale' è una di quelle frasi guida.

Non si smentirà mai. Racconta Fabrizio Prest, marketing manager entrato nella Soremartec nel 2003: «Una giornata memorabile per me fu quella in cui – ero stato da poco assunto – ci venne presentato da un esperto lo scenario del mercato dei gelati. Il relatore parlò e presentò grafici per quasi due ore. Dopo di lui intervenne il signor Michele che disse: 'Bene, avete preso nota di tutto quello che l'esperto ha detto? Siete in grado di ripetere quello che lui ha detto?' Tutti risposero di sì. E lui: 'Bene, adesso buttate via tutto quello che avete appreso'. Poteva sembrare un attacco a quell'esperto relatore e invece lui spiegò che lo scenario presentato, costato un sacco di soldi, era utile perché avevamo imparato quello che *non* va fatto: 'Quello è lo scenario in cui si muovono i nostri concorrenti, noi invece vogliamo e dobbiamo fare qualcosa di nuovo, di diverso, di unico, controcorrente'. È stata una lezione incredibile».

Ed ecco che nel 1961 arriva la prima merendina Ferrero. Si chiama Brioss ed è un trancio di pan di Spagna farcito con una confettura di albicocca o di ciliegia. La capostipite di quella che diventerà, con l'andar del tempo, la fortunata famiglia Kinder. Nel giro di pochi anni anche la produzione giornaliera di Pozzuolo Martesana sale vertiginosamente fino a raggiungere i mille quintali, e i dipendenti da centocinquanta diventano settecento.

Torniamo agli anni Sessanta. L'Italia e l'Europa si sono ormai liberati dalla fame patita durante la guerra. Crescono i consumi, aumentano le vendite dei prodotti Ferrero. Alle nocciole delle Langhe si affiancano le avellane del sud. Per la loro lavorazione, Ferrero apre alcuni impianti in Irpinia, sparsi nei comuni limitrofi di Lauro, Nola e Atripalda. Nel 1985, dopo che l'azienda avrà avviato due nuovi impianti nelle zone della Campania e della Basilicata colpite dal terremoto del 1980, saranno ceduti a un imprenditore locale.

In Italia si contano tre siti industriali Ferrero, con una produzione mensile di quarantasettemila quintali di dolci. Continua la conquista dei Paesi europei, favorita dalla creazione di una rete commerciale diffusa nel vecchio continente: il Mon Chéri e altri prodotti arrivano in Belgio, Olanda e Lussemburgo, poi è la volta della Gran Bretagna. Senza sosta vengono create nuove società in Austria, Danimarca, Svezia e Svizzera. In Francia, nel 1960, l'azienda rileva una vecchia fabbrica tessile nel comune di Villers-Écalles, in Normandia, a venticinque chilometri da Rouen: la Dulcea, questo il nome della società transalpina, diventerà uno dei centri di produzione più importanti d'Europa. Si aggiunge subito un centro direzionale a Mont-Saint-Aignan: ancora una volta viene preferita una posizione un po' decentrata rispetto alle grandi città industriali, ma, come in Germania, la collocazione è perfettamente funzionale alle infrastrutture su cui dovranno poi viaggiare i prodotti usciti dallo stabilimento.

I numeri Ferrero in Germania crescono rapidamente, grazie anche a una nuova fabbrica: tremilacinquecento i dipendenti, cinquecento milioni di pezzi all'anno, Mon Chéri presente nell'ottanta per cento dei negozi tedeschi.

«A noi collaboratori metteva l'accento sull'orizzonte lontano che lui vedeva, il territorio vasto dell'Europa unita, quando lo sguardo di tutti gli altri imprenditori era fissato al proprio orticello nazionale» testimonia Enrico Bologna, entrato in azienda nel 1967.

Marco Serra, dirigente del settore praline, associa questa particolare visione del territorio europeo all'apologo dei cercatori di funghi che il signor Michele amava ripetere: «Quando andate a cercare i funghi vedrete che dopo una certa salita le gambe vi pesano, avrete cercato una panchina per sedervi. Molti, dopo la pausa, lasciano la panchina e tornano indietro. Quello invece è il momento per ripartire verso l'alto perché si troveranno buoni funghi con minor numero di cercatori e voi sarete favoriti».

Le fabbriche già realizzate garantiscono una capacità produttiva sufficiente per pensare a una diffusione in tutti i Paesi che hanno già scelto di far parte del Mercato Comune, ma anche in quelli che vi aderiranno negli anni successivi. Non è soltanto una questione commerciale: essere presenti in tanti territori, soprattutto in un tempo ancora molto lontano dalla globalizzazione, significa allargare la visione, recepire gusti diversi e cercare di soddisfarli con sempre nuove proposte.

Spronato dalla concorrenza delle aziende che hanno adottato una politica di riduzione dei prezzi, nel 1962 Michele Ferrero ha un'altra intuizione: lasciarsi alle spalle i prodotti creati secondo le esigenze dell'immediato dopoguerra, cioè con l'uso di surrogati, al cioccolato, e aumentare la qualità delle materie prime aggiungendo cacao e burro di cacao.

Contemporaneamente dà una svolta alla struttura aziendale. Tra una riunione e l'altra, lui e mamma Piera tornano dal notaio Ghione. La Ferrero diventa una Società per Azioni, con un capitale di sei miliardi di lire e sede sociale a Torino, in corso Marconi: presidente Piera Cillario, carica che conserverà fino alla morte, nel 1980; amministratore delegato Michele, che ha trentasette anni.

La SpA non entrerà mai in Borsa, tutte le azioni resteranno sempre in mano soltanto alla famiglia. A chi chiede la ragione di questa scelta, Ferrero risponde: «Non ho mai voluto rendere conto a nessuno delle mie scelte. Se vuoi essere libero, devi avere autonomia finanziaria. Il budget me lo fanno il direttore economico e il mio vero amministratore delegato che è la signora Valeria, la consumatrice tipo».

«Per lui conti e bilanci non erano di grande interesse» ricorda Bartolomeo Salomone. «Lui aveva un'altra visione, meno economicistica. Diceva: 'Noi occupiamoci di fare i prodotti ben fatti e di qualità, il resto verrà di conseguenza'. I quintali venduti, più del fatturato e della marginalità, gli davano il senso del successo dei suoi prodotti. Era un altro segno di quella civiltà contadina alla quale lui apparteneva che misurava il buon bilancio economico dell'annata in base ai sacchi di raccolto (e che tifava per il successo di tutti gli altri operatori del territorio perché si generava un'economia circolare che dava benefici a tutti). E io, che vengo da quel mondo langarolo, ho imparato che quando le cose vanno troppo bene non ci si deve esaltare perché dietro l'angolo può esserci una devastante grandinata o un'alluvione come quella del '48, e che quando le cose vanno male non ci si deve abbattere, ma occorre piuttosto raddoppiare gli sforzi per recuperare».

18
L'amore

Al nuovo assetto aziendale si aggiunge un'importante novità personale. Il 19 marzo del 1962 Michele Ferrero sposa Maria Franca Fissolo nella chiesa di San Giovanni Battista, nel comune di Savigliano. È l'inizio di una luminosa avventura umana e professionale in comune, arricchita dalla nascita di due figli. Il signor Michele, già poco incline a raccontarsi sul fronte professionale, sulle proprie vicende personali dirà sempre poco. «Temo che la mia vita privata non le offrirà molti spunti per il suo lavoro di giornalista» continua a rispondere ai cronisti che lo avvicinano.

Questo aspetto privato viene tratteggiato con discrezione e delicatezza dalla stessa Maria Franca durante un incontro nel suo ufficio presso la Fondazione di via Vivaro che presiede dal 1983. Durante quel colloquio la signora esce a sua volta dalla riservatezza abituale, e ci consegna un racconto basato su memorie, immagini ed emozioni.

«Io volevo fare la traduttrice, al contrario di quanto avevano programmato per me i genitori che mi sognavano laureata in Farmacia. Avevo frequentato nella mia nativa Savigliano il liceo classico Arimondi e poi ero andata a Milano per iscrivermi alla Scuola Superiore per Interpreti e Traduttori diretta dal professor Silvio Baridon. Lì ho portato a termine i quattro anni previsti, poi sono andata in Inghilterra, a Cambridge, dove ho superato l'esame Proficiency, che era la certificazione di più alto livello e dimostrava il possesso di competenze profonde di comprensione ed espressione in lingua inglese. Ho perfezionato il tedesco andando in Germania per sette mesi. Al mio rientro a casa, nel 1961, incontro un amico di Michele, l'avvocato Luciano Chiesa. Lui, destinato a diventare uno dei pilastri dell'ufficio legale dell'azienda, stava mettendo su un ufficio di rappresentanza ferreriano a Torino, in corso Marconi. 'Avremmo bisogno di una traduttrice, verrebbe a darci una mano?' Figuriamoci, era la mia meta da raggiungere, ho subito accettato.

«Ero agli inizi, quando un giorno mi sento chiamare perché il signor Ferrero vuole un giudizio su una scatola di cioccolatini da donare alle ragazze del piano. Confesso che sul momento ho pensato: io non c'entro, sono qui da solo un mese. Comunque sono andata lo stesso e mi è andata benissimo. Perché, quando è arrivato il mio turno, lui mi ha guardato sorpreso e mi ha detto: 'Signorina, l'ho vista l'altro giorno nella Sala Zucca. Era lei?' Lo Zucca era il bar degli studenti, nel centro di Torino, e avevo accettato di andarci su invito dei miei cugini. E mentre mi consegna il dono, mi dice: 'Signorina, lei regalerebbe questa scatola di cioccolatini al suo fidanzato?' Gli ho risposto: 'Signor Ferrero, a parte il fatto che io non ho il fidanzato, non regalerei mai una scatola di cioccolatini a un uomo'. Due giorni dopo vengo chiamata di nuovo, stavolta per un'emergenza commerciale. La Ferrero comprava il cacao a Londra e l'interprete consueta era stata colpita da un mal di gola che le impediva di parlar chiaro. Hanno convocato me. Confesso di essere andata a quell'incontro con la preoccupazione di non essere all'altezza. Invece è andata benissimo. Michele, che era un uomo di poche parole, si lasciò sfuggire un elogio inaspettato: 'Signorina, non sapevo che lei conoscesse così bene la lingua inglese. Complimenti e grazie'. Tutto lì. Ma la vita è un destino. Anni dopo ho saputo da mio marito che un amico che lavorava per lui alla Borsa di Londra, quel giorno gli ha detto: 'Ma Michele, perdi tempo, hai già trentasei anni... Questa è una ragazza per bene, bella e brava'».

Ferrero entra nella vita di Maria Franca «in modo del tutto inatteso», per lei e per la sua famiglia. «Gli uomini d'affari non sono mai stati la mia passione. E quando mia madre, Felix, ha saputo che frequentavo un giovane imprenditore, ha chiamato mio cugino Gino Bima, di Fossano, deputato per cinque legislature negli anni Cinquanta e Sessanta, uomo molto colto, lauree in Lettere e in Giurisprudenza, appassionato di storia romana, per avere da lui un giudizio: voleva informazioni su quel Ferrero. Per assicurarsi una cornice di riservatezza, mia madre e mio padre Giuseppe si sono appartati in salotto. E allora io ho fatto una cosa di cui mi sono vergognata a lungo: ho origliato dietro la porta chiusa. A un certo punto la porta si apre proprio mentre mio cugino sta dicendo a mia madre: 'Non ti preoccupare, Felix, Ferrero è un uomo di princìpi'. E questo lo ha dimostrato poi con un buon governo d'impresa: ha saputo valorizzare l'agricoltura dei luoghi, i contadini *metalmezzadri*, la cultura, la gestione delle crisi affrontate addirittura creando nuova ricchezza e nuovi posti di lavoro, formando gli operai, favorendo il lavoro delle donne, le famiglie, l'asilo nido e la scuola dell'infanzia, corsi per i genitori, la *Patente per i nonni* frutto di incontri in Fondazione animati dalla nota psicoterapeuta e scrittrice Maria Rita Parsi. E muovendosi con civismo sia in Europa che ad Alba dove all'allora sindaco Ettore Paganelli chiede di essere considerato un cittadino normale...

«Michele era un uomo di Langa, gente dall'educazione antica, paziente, rispettosa delle persone, delle cose e di se stessi. Gente di una terra libera, genuina, faticosa e fertile, dura e generosa, con solide radici, dagli antichi sapori e dai princìpi rigorosi. Una stretta di mano è un patto per sempre. Gente capace di andare avanti sempre, tutti insieme, anche nei momenti difficili. Gente umile: lui che ha fatto raggiungere vertici di produzione e di fatturato mai neppure immaginati conquistando il primo posto in Europa e il terzo nel mondo nel settore delle imprese dolciarie, si schermiva attribuendo tutto il merito a padre e zio: 'Io ho trovato la pappa bell'e fatta...'

La stima e l'affetto di Maria Franca affiorano in particolare quando viene rammentato l'episodio degli esordi di Michele nei panni di venditore. «Le conosco bene, quelle parole. Stupende, sono un pezzo di letteratura. Piaceva anche a lui, quel racconto. Lo rievocava spesso quando c'erano ospiti, ma soprattutto era contento di raccontarlo a quelli che potevano capire, a coloro che potevano apprezzare il piccolo affresco storico che affiora dalla ricostruzione di quella giornata particolare: la fontana comunale, la Topolino, le *biove*, i negozi di alimentari, l'energia lavorativa di papà Pietro, la sfida di Michele e l'abbraccio finale. 'Abbiamo vinto, papà!'»

Nel giro di un anno dal primo incontro, Michele chiede a Maria Franca di sposarlo. E per farlo usa «poche ma precise parole (anche in questo aveva preso dal suo grande padre) con cui accompagnò la richiesta ufficiale di nozze: 'Sarei contentissimo che tu, Maria Franca, rispondessi di sì alla mia proposta di sposarti. Ma pensaci bene. E bada: se accetti, sposi un uomo che ti parlerà sempre di cioccolato'».

Si sposano a Savigliano, dove lei è nata ventidue anni prima. «Per la verità la madre di Michele, la signora Piera, voleva che ci sposassimo ad Alba e per questo mi fece incontrare il vescovo, monsignor Carlo Stoppa, succeduto nel '48 a Luigi Maria Grassi. Ma io tenni duro: 'Chiedo scusa ma, con tutto il rispetto, ci si sposa nella città della donna'. E il vescovo acconsentì. In viaggio di nozze dovevamo andare a Nizza. Michele aveva già preso i biglietti ma all'ultimo momento rinunciammo. Sua madre Piera, che è stata una straordinaria ambasciatrice della terra langarola e che mi ha voluto un bene dell'anima, era tanto saggia e concreta quanto apprensiva. Dopo la morte prematura per infarto del marito Pietro e del cognato Giovanni, lei era rimasta sola con l'amatissimo figlio: 'Michele, se tu muori, io cosa faccio?' E Michele, che dava sempre ascolto a sua madre, non volle darle quel dispiacere. Ci vuole tanto cuore a stare in famiglia. Comunque, con i viaggi ci siamo rifatti negli anni successivi. Perché l'importante erano, e sono sempre stati, la comprensione reciproca e il bene che ci siamo voluti. E la passione in comune per il lavoro. Anche per me il lavoro è un'esigenza dello spirito. Ci sono stata abituata fin da ragazza e non potevo farne a meno. E così siamo stati molto vicini in una vita che ha registrato tanti sacrifici ma non solo: siamo stati giovani anche noi. Come ci ha ricordato un filmino in Super 8 ritrovato per fortuna in occasione della festa per i quarant'anni di matrimonio e che abbiamo proiettato per gli amici».

A chi le cita il detto 'a fianco di un grande uomo c'è sempre una grande donna', Maria Franca risponde: «In questo caso mi aiutano gli studi classici. Gli antichi latini, se ricordo bene, dicevano *Dotata animi mulier virum regit*, e cioè 'una donna dotata di coraggio sostiene, consiglia il marito'. Ecco, io sono stata per cinquantatré anni a fianco di una persona di grandi valori. Di Michele ho sempre ammirato l'intelligenza e l'umana generosità, mi stupiva la capacità che aveva di leggere i bisogni latenti delle persone ma anche di coniugare le sue conoscenze con la mia sensibilità, il suo ruolo di padre, e le diverse culture del mondo. L'attenzione che dedicava alle sue invenzioni era la stessa che dedicava ai suoi dipendenti: 'Tutti insieme siamo un'azienda'».

Nel 1963, arriva il primo figlio, Pietro, seguito l'anno dopo da Giovanni, «con grande gioia nostra, della nonna Piera e anche delle maestranze che hanno imparato a conoscerli fin dai primi giorni della loro vita. Li portammo in fabbrica per presentarli ufficialmente ai dipendenti. A me e Michele sembrava giusto indicare ai collaboratori i suoi successori. Ricordo i cortili invasi dai dipendenti, dalla gente che era venuta con la famiglia a festeggiare i nuovi nati. Tutti portarono un regalo. A partire da allora a tutti i figli dei collaboratori venuti al mondo l'azienda regalava e continua a regalare una catenina d'oro. Un ricordo indimenticabile».

Come indimenticabile è, per molti collaboratori, il ricordo del piccolo Pietro che, dopo la scuola, sfreccia con la sua bicicletta rossa, curiosa nei reparti finché non riesce a intenerire qualcuno e a strappare un giro sui muletti. È attratto dai macchinari e soprattutto dalle stanze dei *calcolatori*, con preoccupazione degli operatori che, ovviamente, non gli fanno toccare nulla di quelle tecnologie delicate. E papà Michele arrivava a raccomandare: «Se insiste, sgridatelo pure».

Ricordi che oggi fanno male. «Sì, la vita ci ha dato molto, però ci ha anche tolto molto. Perdere un figlio non è umano. E noi abbiamo perso Pietro a quarantasette anni, a causa di un infarto, come era capitato a nonno Pietro e a zio Giovanni. A elaborare questo lutto mi hanno aiutato la nostra unione forte e la fede religiosa. E la capacità di mio marito che ha saputo sostenere il mio dolore di madre. Lui ha sempre saputo sorreggere la mia sensibilità nei momenti più difficili. Negli anni del terrorismo, per esempio, quando decidemmo di trasferirci a Bruxelles. O meglio: quando il generale Carlo Alberto Dalla Chiesa, allora a capo del Nucleo speciale antiterrorismo dei carabinieri, ci suggerì di trasferirci lontano da Torino. Quel giorno di metà anni Settanta io ero andata prendere i figli alla scuola tedesca e al rientro a casa mi dicono: 'Signora, ha telefonato l'avvocato Dalla Chiesa' lo chiamavamo così, 'e ha detto di richiamarlo subito'. Telefono e lui mi dice: 'Tra venticinque minuti sono a casa vostra, vorrei che ci fosse anche il signor Michele'. Alla famiglia riunita Dalla Chiesa disse: 'Mi dispiace, ma rientra nei miei doveri di carabiniere. Ieri sera abbiamo arrestato due terroristi. In tasca a uno di loro abbiamo trovato la mappa con la strada che fa normalmente suo marito tra casa e fabbrica'. Erano appunti dettagliati, frutto di trenta giorni di pedinamenti: chi era l'autista, a che ora usciva di casa, a che ora rientrava, e questo riguardava anche me e i miei figli. Il generale concluse dicendo: 'Stasera nessuno deve dormire qui in casa, i bambini li porterei nel collegio di Moncalieri, sono amico di quei dirigenti'. Io mi opposi: 'Ah no' dissi al generale, 'i miei figli non li do così. Vengo anch'io'. E lui: 'Ma lei vuole venire in un collegio maschile?' 'Certo, sto in camera con i miei figli'. Due giorni dopo sono andata a Bruxelles a cercare casa. Questioni di sicurezza ci hanno portato nella futura capitale dell'Europa unita dove abbiamo abitato per venticinque anni. E, sempre su consiglio di Dalla Chiesa, abbiamo avuto come personale di famiglia solo gente della nostra terra, che conoscevamo.

«Un altro momento difficile fu quando, nel 1994, la forza della natura devastò la fabbrica di Alba sommergendola sotto l'acqua e il fango. Pensi, l'attenzione che Michele aveva per me: è un piccolo dettaglio ma quando l'alluvione sconvolse Alba, mio marito organizzò una sorta di 'sabotaggio costruttivo'. Mandò un tecnico a casa nostra per staccare il televisore e impedire che io vedessi le immagini di quel disastro. Sentivo urlare le sirene dell'allarme ma Michele voleva essere lui a informarmi e rassicurarmi».

Come era successo nel 1948, anche durante l'alluvione del 1994 emerge la grande coesione tra Ferrero e le maestranze. «Il motto di Michele è sempre stato: 'Ragazzi al lavoro!' più volte rinnovato in quei giorni difficili. E la gente ha salvato la 'sua' Ferrero, dando un'ennesima prova di quella 'ferrerità' che ha sempre contraddistinto i lavoratori del nostro Gruppo. Perché se noi abbiamo fatto molto per Alba, anche Alba e la sua gente hanno fatto molto per noi. La Ferrero è un'azienda che tiene conto dei suoi dipendenti anche dopo il loro pensionamento. Per loro mio marito ha voluto creare un luogo, l'attuale Fondazione, dove condividere e donare parte delle cose che sono andate bene».

La Fondazione intitolata a Piera, Pietro e Giovanni Ferrero nasce nel 1983, come Opera Sociale poi riconosciuta dal ministero dell'Interno nel 1991. «Ho giurato a mio padre Pietro che avrei portato il suo nome e le sue idee in tutto il mondo» dice Michele alla moglie, e a lei ne affida la presidenza.

«Avevamo condiviso le ragioni della Fondazione, quella bussola bellissima fatta di tre princìpi: *Lavorare, Creare, Donare.* Mio marito non era figlio di Rockefeller, per cui capiva la sofferenza degli altri, aveva molto rispetto per chi lavorava, avrebbe voluto fare sempre di più per i collaboratori. Un giorno del 1983 mi anticipò il progetto con queste parole: 'Desidero che le persone che hanno contribuito con noi a sviluppare prodotti innovativi e a diffonderli in tutto il mondo, e che per questo hanno continuamente stimolato la loro e nostra creatività, possano avere uno spazio fisico, delle risorse umane e finanziarie a disposizione, per continuare a imparare cose nuove con il patto che il frutto delle cose imparate sia anche donato al territorio'. Traducendo in pratica quei valori, sono nati nel corso di quasi quarant'anni oltre quaranta gruppi di attività, gli eventi culturali, mostre d'arte di respiro internazionale, cicli di conferenze di alto livello, un convegno scientifico internazionale, a cadenza biennale, sull'invecchiamento di successo. Ma soprattutto attenzione, cura e pazienza, giorno dopo giorno, hanno fatto crescere la Fondazione».

La Fondazione è figlia dello spirito sociale, filantropico e cristiano di Michele ma anche della fiducia nella scienza e nella medicina preventiva, specie per quanto riguarda l'invecchiamento attivo.

«Quello che voleva creare era un luogo dove i nostri anziani potessero continuare a sviluppare la loro creatività e avessero la possibilità di restituire agli altri il frutto della loro inventiva. Solo in questi ultimi anni ci siamo resi conto che la Fondazione è un modello, perché dall'analisi della letteratura scientifica più recente e dalle considerazioni espresse da importanti studiosi che ho voluto far arrivare qui, emerge che attività creative, ricreative e socializzanti intraprese per sé e per gli altri, unite a uno stile di vita corretto, favoriscono l'invecchiamento attivo e di successo. In Fondazione la terza età viene vissuta come una fase di ricchezza in cui è valorizzato il capitale sociale dei singoli, il patrimonio di valori, di esperienze, saggezza e umanità che contraddistingue la persona anziana. La Fondazione valorizza, attraverso corsi di formazione, il ruolo attivo che i nonni possono avere con i nipoti. Entrambi trovano gioia nello stare insieme: i nonni regalano tempo, favole, giochi inventati; i nipoti risvegliano nei nonni la curiosità, lo stupore e una visione sulla vita che tendono a dimenticare. E io, come nonna, lo so bene. Con i miei cinque nipoti – Michael, Marie Eder e John, nati dal matrimonio di Pietro con Luisa Strumia, Michele e Bernardo, nati da Giovanni e Paola Rossi – c'è un rapporto di grande amore. Ci scambiamo curiosità di bambino ed esperienza di nonna. Ci lega un grande senso di protezione. Fin da piccoli, da veri ferreriani, i nipoti sono stati coinvolti nel destino dell'Azienda. A due di loro mio marito faceva assaggiare i prodotti ('conforti' lui preferiva chiamarli) per sentire le loro reazioni. E voleva il voto di ritorno, compito in cui eccellevano. Un nipote è un allenamento senza pari: stare con loro, giocare con loro aiuta a rimanere fisicamente attivi e rispondere alle loro domande rappresenta un continuo stimolo. Io li amo tutti, i miei nipoti, in maniera uguale perché ognuno di loro ha qualcosa di unico. E in ognuno di loro vedo uno dei miei figli. Ognuno di loro è interessato a discipline diverse che seguo e mi rendono di nuovo felice».

Quando le viene chiesto quale giorno dei cinquantatré anni vissuti a fianco del marito sia rimasto più impresso nella sua memoria, risponde: «Oddio, sono molti quelli felici. Ma quello che rimane quotidianamente nella mia mente, anche se può sembrare pessimistico, è il suo penultimo giorno di vita. In quel momento ho capito che cosa sarebbe stata la mia vita senza la sua vita».

Al termine dell'incontro, un'assistente entra nella stanza con un vassoio di cioccolatini Ferrero Rocher appena confezionati. La signora Maria Franca anticipa la domanda: «Vuole sapere qual era il dolce preferito di Michele? 'L'ultimo cioccolatino che verrà fatto', così lui le avrebbe risposto».

19
Come sottomarini o squali

Anni Sessanta

Il segno visibile del successo della Ferrero in Germania diventa, nel 1963, a Sachsenhausen, sotto Francoforte, il grattacielo di undici piani che, come una ideale torre di Alba, accoglie il nuovo centro direzionale creato per gestire al meglio la parte commerciale.

Sul versante italiano, i tre siti industriali Ferrero (Alba, Pozzuolo Martesana e Lauro di Nola) producono mensilmente quarantasettemila quintali di dolci. Ma i buoni dolci non basta saperli fare, e neanche saperli vendere; bisogna farli conoscere a milioni di consumatori. E come? Con il marketing e la pubblicità. Comunicare bene e, contemporaneamente, in un difficile equilibrio, mantenere il massimo della segretezza sui nuovi prodotti, aggiungendo nella stanza della Chimica un verbo lampo, misterioso: *secretare.* Verbo che Michele Ferrero veste di metafora dicendo: «Operiamo come se fossimo sottomarini o squali».

I rapidi cambiamenti della società generano nuovi bisogni, nelle fabbriche entrano sempre più lavoratrici. Diventa necessario sostituire la fetta di torta della mamma con la merendina confezionata, e assicurare alla donna stessa un piccolo ma significativo 'conforto'. La risposta dovrà essere puntuale, di qualità e al prezzo giusto. Dovrà arrivare in fasce di mercato non ancora occupate dalla concorrenza, ma soprattutto dovrà prevenire quelli che Ferrero chiama 'i bisogni latenti'. La creatività di Michele non conosce soste. Dalla sua magica cabina di regia si appresta a varare nuovi iconici prodotti e notevoli cambiamenti nello stile alimentare degli italiani e non solo.

«Senza i prodotti da lui creati in una sequenza da fuochi artificiali, oggi la vita sarebbe qualitativamente diversa e certamente più povera. Per questa ragione, senza enfasi retorica, si può definire Michele Ferrero come un benefattore dell'umanità» secondo il sociologo Luigi Anolli. «Genio assoluto del prodotto, è da sempre abituato a pensare, progettare, sperimentare, creare e offrire prodotti nuovi, originali ed esclusivi che non trovano confronti sui mercati di riferimento. Novità, originalità, unicità ed esclusività non sono slogan per i consumatori: per Michele Ferrero sono i punti cardinali della propria bussola quotidiana».

Nella sua quotidianità s'inseriscono anche i consigli che dà a chi incontra fuori dal lavoro, per esempio ai clienti dei supermercati dove continua a presentarsi senza preavviso (in qualche caso si fa dare una sedia e si posiziona nel corridoio dove sono esposti i prodotti della Ferrero per controllare gli acquisti della signora Valeria), negli autogrill (dove compra una scatola di praline e la regala alla cassiera, 'per lei, gentile donzella') o allo stesso cuoco di casa. Ricorda ancora Serafino Bindello: «Un giorno mi chiese di accompagnarlo al castello di Mango, nel cuore delle Langhe, che domina l'antico borgo offrendo un piacevole panorama sulle colline.

Partiamo a mezzogiorno e arriviamo in piazza dove c'è il mercatino, uno di quelli che piacevano a lui; 'io cerco cervelli bravi per i mercatini, più che guru del mercato', era un suo ritornello».

Imprenditore, sempre e ovunque, portatore instancabile, anche a costo di essere ripetitivo, della filosofia aziendale che lo ha sempre infiammato, quel «condividere valori per creare valore», e di alcune regole d'oro per chi vuole intraprendere. Le sintetizza un ferreriano di lungo corso, Enrico Bologna, entrato in azienda nel 1967, nel 1997 presidente della Ferrero SpA, e dal 2002 in pensione:

«Primo: abbi un progetto personale;

«Secondo: fai bene le cose, meglio di quanto le facciano gli altri. Il tuo prodotto deve essere unico e i combattimenti con i concorrenti, quotidiani, si fanno sempre con correttezza, dalla cintola in su;

«Terzo: rispetta i tuoi collaboratori come te stesso. E coltiva il rapporto fiduciario con il tuo fornitore: la tua crescita è anche la sua;

«Quarto: la pubblicità falla dicendo cose corrette che parlano del prodotto;

«Quinto: considera come mercato il mondo e l'Italia come una regione;

«Sesto: nella tua idea devi crederci fino in fondo, perché in ogni caso il mondo ha bisogno di etica, di ricerca e di futuro;

«Settimo: considera ogni tuo dipendente come un imprenditore perché può portare suggerimenti e proposte nelle cassette delle idee collocate in azienda e sempre vagliate».

In azienda queste 'cassette delle idee' portano scritto in grande un incitamento: 'Ecco il modo migliore per sviluppare la vostra idea: parlatene, se volete, con il vostro capo. Egli vuole idee nuove. Egli sa che voi conoscete bene il vostro lavoro. Egli è pronto ad aiutarvi a sviluppare la vostra idea'.

In via Vivaro ricordano ancora il recordman delle proposte, l'operaio Elio Paolo, segnalato più volte per la bontà dei suoi suggerimenti, che in occasione di un premio in denaro osservò: «La gioia di essere vincitore è certamente superiore alla soddisfazione che può recare il riconoscimento economico. Si ha l'impressione di 'contare' qualcosa in azienda, di contribuire concretamente al progresso della fabbrica, non solo con il lavoro manuale, ma con un apporto di idee e di pensiero che ci fa sentire uomini e non ingranaggi insensibili in una grande organizzazione industriale».

Il 1964 è un anno fondamentale per l'azienda, per almeno tre motivi. Il centro direzionale viene spostato da Torino a Pino Torinese, sulle colline del capoluogo piemontese. Viene lanciato il nuovo marchio: FERRERO, tutto maiuscolo. Ma soprattutto, il 20 aprile nasce un mito, la Nutella, destinata a diventare il più famoso prodotto al mondo, inventato da Michele Ferrero che ha assaggiato, provato e spalmato personalmente quella crema di nocciola su centinaia di fette di pane prima di ottenere la versione definitiva. Anche se la formula originaria, ufficialmente segreta e con brevetto tutelato in tutto il pianeta «è datata 1963» testimonia Gianni Mercorella, a lungo custode dell'archivio delle ricette ferreriane.

Sulle pagine pubblicitarie dei giornali italiani viene presentato un sinuoso e originale barattolo, in due confezioni da centodieci e centosessanta lire, accompagnato dalle parole 'Una delizia da spalmare sul pane'. Nell'immagine spicca una fetta di uno sfilatino casereccio, poggiata su un bicchiere in vetro riempito di crema. Un messaggio rivolto alle mamme, con due obiettivi: far dimenticare loro il peccato di gola commesso con l'acquisto, grazie al bicchiere in omaggio da riutilizzare in tavola, e tranquillizzarle sul piano nutrizionale. Grazie a quella riproposta del rito della spalmata, che impedisce ai ragazzi di mangiare la cioccolata e buttare il pane, i loro figli si nutriranno con 'le sostanze più sane che ci regala la natura', attraverso una merenda 'golosa per ogni età'.

La Nutella diventa in breve tempo uno dei simboli del benessere. Una golosità dal nome facile: tre sillabe, né troppo lungo né troppo corto, con un dolce suffisso che ne accompagna la dilagante fortuna in Italia. Un barattolo di crema alla nocciola che unifica l'Europa prima della moneta e della finanza, e che conquisterà il mondo intero.

Il marchio è frutto, più che di una strategia di mercato, di circostanze casuali: una difficoltà che viene trasformata, ancora una volta, in opportunità. Stavolta l'elemento scatenante è una legge sulla denominazione degli alimenti.

«Ero chimico nel laboratorio dove facevamo prima il Giandujot, poi la Supercrema» racconta Francesco Rivella, «e fui incaricato di andare a registrare quest'ultimo marchio. Grazie a uno zio del presidente della Repubblica Einaudi, che era il capo del cerimoniale del Quirinale, vengo accolto calorosamente a Roma, Ufficio brevetti, ma lì il funzionario con garbata fermezza mi dice che non può accettare un marchio che comincia con Super». Recita infatti l'articolo 10: 'È vietato offrire in vendita o propagandare a mezzo della stampa o in qualsiasi altro modo, sostanze alimentari, adottando denominazioni o nomi impropri, frasi pubblicitarie, marchi o attestati di qualità o genuinità da chiunque rilasciati, nonché disegni illustrativi tali da sorprendere la buona fede o da indurre in errore gli acquirenti circa la natura, sostanza, qualità o le proprietà nutritive delle sostanze alimentari stesse o vantando particolari azioni *medicamentose*'.

Il problema riguarda insomma quel 'super' che identifica un valore aggiunto. Un'aggettivazione del genere, scrive Gigi Padovani, autore di tre magistrali volumi sulla Nutella (il più recente: *Mondo Nutella*, Rizzoli Etas, 2014), 'poteva essere ammessa soltanto se il prodotto venduto avesse avuto qualità oggettive che lo differenziassero da altri simili: come se esistesse una crema Giandujot con il dieci per cento di nocciole e la Supercrema ne offrisse di più, il venti per cento'.

A questo si aggiunge il fatto che dalla Germania la squadra ferreriana segnala da tempo che i tedeschi, pur essendo grandi consumatori di cioccolato, sono restii ad abbandonare la tradizionale colazione a base di pane burro e marmellata a favore di un prodotto che non sanno pronunciare bene. «Va inventato un nome evocativo, facile da pronunciare e da ricordare» segnala con convinzione da Allendorf il manager Severino Chiesa. Serve un brand che risulti comprensibile dalla Scandinavia a Berlino, da Parigi a Palermo. «Il suo credo è sempre stato questo» ricorda Amilcare Dogliotti, «riuscire a realizzare prodotti non per un solo mercato nazionale, ma per almeno un continente. La confezione doveva essere uguale ovunque».

Michele Ferrero capisce che si deve cambiare «far diventare cigno il brutto anatroccolo Supercrema» continua Padovani. «S'incominciava a parlare di *merketting*, come si pronunciava allora, una scienza esatta che arrivava dagli Stati Uniti e serviva a trasformare l'idea in un prodotto e a farlo arrivare nelle mani dei consumatori. Furono convocati esperti, si tennero riunioni su riunioni, tra l'Assia e le Langhe». Tra loro c'è anche il sociologo Giampaolo Fabris, fondatore di Demoskopea, prestigioso istituto di ricerca sull'opinione pubblica. L'atteggiamento di Ferrero nei suoi confronti viene ricordato così dal marketing manager Marco Pace: «Certamente si era innamorato di lui come ricercatore, ma quando ascoltava le sue analisi tendeva a minimizzarle presso noi collaboratori. Diceva che le vere analisi si fanno in proprio al supermercato». Nonostante questo, il signor Michele decide di affidargli una ricerca fondamentale. Racconta Fabris, sempre citato da Gigi Padovani: «Avevo poco più di vent'anni – ed ero ancora fresco di laurea e di studi – quando fui incaricato di testare il nuovo nome scelto per rilanciare in tutta Europa la Supercrema. Michele Ferrero era un uomo di straordinaria apertura, un genio del prodotto che aveva capito, prima delle grandi multinazionali, la regola della non clonabilità. Al tempo stesso aveva intuito le grandi potenzialità della Nutella anche se le energie erano soprattutto rivolte a valorizzare Mon Chéri, che veniva considerato il prodotto d'eccellenza di Ferrero. A quel tempo le indagini di mercato – per di più transnazionali e sul nome di una marca – non erano la regola; le aziende italiane, anche le più grandi e moderne, muovevano i primi passi verso il marketing. Facemmo ricerche accurate su come era accolto quel marchio dai consumatori in Germania, Francia, Inghilterra».

Nel caso del nuovo prodotto, tutti concordano sul fatto che il punto di partenza dovesse essere la nocciola: 'il destino di Ferrero è sempre stato legato a questo frutto prezioso e salutare' sottolinea Padovani. E diversi sono i nomi proposti, da Nussly, a Nutosa, Nutina o Nocella indicata dalla prima donna dirigente, Dina Fiora. Alla gara partecipa anche Francesco Rivella, squadernando anche lui una serie di proposte legate alla radice *nut*: Nutina, Nutona. Nutella invece non gli piace perché ha un'assonanza con il suo cognome.

Ma alla fine a scegliere il marchio definitivo è, come sempre, Michele. «Tu manager hai diritto di fare le osservazioni ma a matita, perché a penna le scrivo solo io» è un'altra delle sue frasi memorabili.

Al ritorno da una passeggiata serale a Francoforte, si rivolge alla moglie: «Che ne dici di Nutella? Suona bene: proviamo a capire se piace a tutti». Fatta la scelta, lo studio Jacobacci-Casetta di Torino, specializzato in marchi, il 10 ottobre 1963 presenta a Roma la domanda di registrazione per marchio d'impresa al ministero dell'Industria.

Per mettere a punto il logo, viene affidato l'incarico allo Studio Stile di Carmelo Cremonesi (grafico e fotografo) e Gian Rossetti (disegnatore), agenzia di pubblicità con sede a Milano con cui Ferrero, che li ha conosciuti tramite un fornitore, collabora dagli inizi degli anni Sessanta per lo studio dei loghi e il packaging; tra le loro creazioni spicca l'incarto del Mon Chéri, per il quale Michele, a cui capita di contattarli di domenica e persino di notte, chiedeva che «si vedessero bene i nastrini, che davano l'idea di un bel regalo». Per la Supercrema, Cremonesi e Rossetti preparano delle proposte con la scritta a lettere maiuscole, in rosso, che diventano poi minuscole. «Il passo per arrivare a Nutella, dopo aver scelto un nome riconoscibile in tutt'Europa, fu breve».

Il certificato di approvazione dell'Ufficio Centrale Brevetti arriva soltanto il 17 marzo 1964 e, in base all'accordo di Madrid, che permette l'estensione della protezione dei marchi in tutti i Paesi aderenti, viene subito esteso internazionalmente. Subito dopo, in aprile, l'azienda informa con una circolare firmata da Michele tutti i Dipartimenti e gli Ispettori delle filiali del prossimo lancio del nuovo prodotto:

> *Prossimamente, alla Supercrema confezionata verrà data la denominazione di NUTELLA. Il provvedimento è stato suggerito dalla necessità di disporre di un nome di interesse europeo, che esprima un preciso concetto comprensibile non soltanto in Italia ma anche nelle altre nazioni dove i nostri prodotti sono affermati... Il nome NUTELLA consentirà una pubblicità interessante in una più vasta area. La produzione attuale in confezioni con l'indicazione Supercrema continuerà fino a quando non avremo esaurito le scorte di incarti, di etichette e di capsule: probabilmente fino al 20 aprile 1964.*

Ecco perché la data di nascita ufficiale della Nutella è stata convenzionalmente stabilita in quel piovoso lunedì di primavera, 20 aprile 1964, una settimana prima del trentanovesimo compleanno di Michele Ferrero e a metà strada tra la nascita del primogenito Pietro e l'arrivo del fratello Giovanni, quando dalla vetreria De Val Bor portano in via Vivaro i bicchieri Kristal a otto facce da riempire con la morbida crema.

La campagna di lancio parte con una grande affissione di manifesti, sui quali campeggia la fetta di pane spalmata. A quella prima campagna ne seguiranno molte altre a segnare l'immaginario dei consumatori, come quella che recita 'Che mondo sarebbe senza Nutella?' lo slogan ideato da Michele Ferrero con Marco Pace e confluito nello spot realizzato dal regista Riccardo Milani nel 1997.

Quello della Nutella, che secondo diversi collaboratori è stata definita da Michele 'il prodotto simbolo di tutte le qualità dei prodotti Ferrero', è un partito trasversale che raccoglie attori e giornalisti, scrittori, imprenditori, uomini politici che, giorno dopo giorno, sui vari mezzi di comunicazione, elargiscono sincere dichiarazioni d'affetto, a volte ironiche, spesso allusive, che ribadiscono il successo di questo longseller della bontà.

In uno studio supervisionato dal linguista Gian Carlo Oli, *Parole degli anni Novanta*, tra i quattrocento nuovi vocaboli entrati nel linguaggio giornalistico, politico, televisivo allo scadere del Novecento, Nutella viene identificata come 'la parola più amata dagli italiani'.

Ha spiegato Fabris, citato da Padovani, che con la Nutella «fu bonificata l'immagine del cioccolato in Italia: non era più quella tavoletta a quadretti, scura, costosa, ma una crema da spalmare sul pane. Il pane rassicurante, casereccio, protettivo, materno, aveva il significato che ha avuto il latte per altre linee di prodotti Ferrero, con il famoso slogan 'Più latte e meno cacao'. Anche la scritta 'conserva vegetale' fu letta come conferma della innocuità del prodotto. Fu una scelta di grande intelligenza, perché il rapporto degli italiani con il cioccolato era fortemente perturbato. Era considerato un cibo delle grandi occasioni, che tendenzialmente faceva pure male, soprattutto ai bambini».

Una scelta determinante è anche quella di distribuire la Nutella all'interno di bicchieri creati appositamente. Riutilizzati quando la cioccolata è finita, dalla tavola continuano a evocare il prodotto, oltre a diventare oggetti da collezione. Ma quello che tutti ricordiamo, il barattolo della Nutella per eccellenza, è il cosiddetto *Pelikan*, per la sua somiglianza con i calamai per l'inchiostro, scelto perché un semplice bicchiere non connoterebbe sufficientemente il prodotto. Ci voleva qualcosa di unico e caratterizzante, che distinguesse Nutella da qualsiasi altra crema.

Per dirlo ancora una volta con le parole del suo più autorevole esperto: «Emergono quindi, fin dal battesimo del 1964, tre strumenti fondamentali con i quali Ferrero ha costruito un successo così duraturo: il marketing mix, il packaging e la comunicazione. Con un'attenzione al consumatore sempre costante, affinché potesse percepire il valore che riceveva comprando Nutella».

E pensare che anche per il lancio della Nutella c'erano stati quelli che credevano poco al suo possibile successo. Giandonato Nicola, per quarant'anni in stretto e continuativo contatto con Michele Ferrero, racconta un episodio che testimonia la capacità di entrare nelle abitudini di consumo in un mercato anche estero. «Nel 1965 presentammo la Nutella al direttore commerciale francese e ai principali clienti, a quel tempo in gran parte i grossisti. 'Ma siete folli! Sul pane si spalma il burro, non certo il cioccolato: al massimo si venderanno alcuni chilogrammi di questo prodotto a gente bizzarra quanto voi'. Ebbene, questa gente bizzarra oggi consuma quattrocentomila quintali di Nutella all'anno».

«Abbiamo partecipato a un grande sogno diventato realtà» dice l'ingegner Vincenzo Sibilla, trent'anni al fianco di Michele Ferrero, dal 1983 al 2012. «Il giorno indimenticabile? Ero in Turchia, mi passano una telefonata, sento la voce del signor Michele: 'Che fai lì? Torna ad Alba, diventi il capo della Nutella in tutto il mondo'. E così mi sono trovato a vivere nella fabbrica più pulsante, che mai si ferma».

Michele segue e seguirà di persona ogni cambiamento nella formula della sua creatura più riuscita. Anni dopo, nel 2010, rivela l'ingegnere chimico Rino Schivo, ligure di Alassio, l'imprenditore affronterà l'ipotesi di una versione *light* della Nutella, con minori calorie: «Una strada per ora messa da parte per non snaturare un marchio mito, vincente in cinque continenti».

Nutella oggi è prodotta in Italia negli stabilimenti di Alba e Sant'Angelo dei Lombardi, in Germania, Francia, Svizzera, Stati Uniti e Australia, distribuita da ventisette società operative. Ogni anno se ne producono 365.000 tonnellate.

Il successo di quella crema da spalmare è travolgente e si traduce in qualcosa di molto più vasto delle fortune di un'impresa. Parafrasando lo slogan: che Langa sarebbe, oggi, senza Nutella? Lo racconta Sergio Soave, docente universitario, ricercatore storico e già sindaco di Savigliano, città natale della moglie di Michele, Maria Franca: «La Ferrero impresse all'albese un moto vorticoso di ottimismo che, insieme ad altre aziende sorte quasi per contagio, lo trascinò ai punti più alti dello sviluppo. E infatti Alba, nel decennio tra il 1961 e il 1971, passò da ventimila a quasi ventottomila abitanti per crescere, poco dopo, fino a trentaduemila. Ma ciò che più conta è che anche nei paesi vicini alla capitale delle Langhe (passate dalla malora fenogliana a patrimonio dell'umanità) si sentì il beneficio. Così Diano, Barbaresco, Treiso, Monticello, Guarene, Neive, Mango e Canale, toccato il picco inarrestabile dello spopolamento nel 1961, ricominciarono a crescere come d'incanto. E su quelle colline da malora, tornate lucide e vive dopo gli anni delle rappresaglie e saccheggi, rastrellamenti e incendi da parte dei nazifascisti, iniziarono a scendere, estasiati dalla bellezza e oggi guidati anche dalle insegne Unesco, svizzeri e tedeschi, come se avessero trovato il paradiso».

20
Il sole al mattino

Anni Sessanta

La Nutella contribuisce alla inarrestabile crescita della Ferrero in Europa. Aprono altri stabilimenti e sedi commerciali nei Paesi Bassi, in Belgio, Danimarca, nel Regno Unito e in Svizzera. C'è un aneddoto che basterebbe da solo a raccontare il successo del nuovo prodotto, senza ricorrere a quelle che oggi chiamiamo indagini di mercato: gli 'spalloni', i contrabbandieri che dalla Svizzera vengono in Italia carichi di sigarette americane e con qualche orologio, al ritorno portano negli zaini robusti carichi di Nutella e di altri prodotti Ferrero. Proprio in Svizzera, una delle patrie storiche del cioccolato.

Nel 1967, nei tre stabilimenti di Alba, Pozzuolo Martesana e nell'Irpinia avellinese, vengono sfornati ogni giorno tremila quintali di prodotti diversi. L'azienda conta duemiladuecento addetti alla distribuzione e, solo in Italia, fattura cinquantadue miliardi. Sono i dati che Michele Ferrero snocciola il 10 maggio ai cento dirigenti riuniti a Roma nel primo convegno dei capi del Gruppo Ferrero in Europa, che saranno poi portati a visitare lo stabilimento di Alba, che occupa un'area di duecentosettantamila metri quadrati.

Ai dirigenti europei ma anche ai nuovi assunti, il signor Michele non fa mancare 'pillole di filosofia', come le definisce Marco Serra, responsabile del settore Praline. Si tratta di una serie di regole da rispettare sempre e ovunque per garantirsi dipendenti felici e un'azienda sana. Indirizzate ai responsabili aziendali, sono diciassette, annunciate dal titolo *Quando parli con un individuo ricorda che anche lui è importante.* Per Serra «nulla come questo documento rende la statura imprenditoriale e umana di Michele Ferrero e il profondo rispetto che egli nutriva per tutti i suoi collaboratori». Eccole tutte:

1) *Nei vostri contatti mettete i vostri collaboratori a loro agio. Dedicate loro il tempo necessario e non le 'briciole'. Preoccupatevi di ascoltare ciò che hanno da dirvi. Non date loro l'impressione che siate sulle spine. Non fateli mai sentire 'piccoli'. La sedia più comoda del vostro ufficio sia destinata a loro.*
2) *Prendete decisioni chiare e fatevi aiutare dai vostri collaboratori, essi crederanno nelle scelte a cui hanno concorso. Imparate a lavorare insieme. Se non capite l'esigenza di chi sta dopo di voi, siete finiti: interrompete il flusso e non siete cooperativi. Non deve esserci mai separazione.*
3) *Rendete partecipi i collaboratori dei cambiamenti e dei dettagli (il successo è una serie di dettagli messi in fila), discutetene prima della loro attuazione con gli interessati.*
4) *Comunicate gli apprezzamenti favorevoli ai lavoratori, elogiateli pubblicamente, quelli sfavorevoli comunicateli in privato quando necessario. In quest'ultimo caso non limitatevi a una critica, ma indicate ciò che dovrà essere fatto nell'avvenire perché serva a imparare.*
5) *I vostri interventi siano sempre tempestivi: 'Troppo tardi' è pericoloso quanto 'Troppo presto'.*

6) *Agite sulle cause più che sul comportamento.*
7) *Considerate i problemi nel loro aspetto generale, lasciate ai dipendenti un certo margine di tolleranza. Consideratevi pittori, non imbianchini.*
8) *Siate sempre umani. Sei hai un buon rapporto con le persone, porti a casa un buon risultato. Se litighi non porti niente.*
9) *Non chiedete cose impossibili.*
10) *Ammettete serenamente i vostri errori, vi aiuterà a non ripeterli. E tendete a perdonare qualche sbaglio.*
11) *Preoccupatevi di quello che pensano di voi i vostri collaboratori.*
12) *Non pretendete di essere tutto per i vostri collaboratori, in questo caso finireste per essere niente.*
13) *Diffidate di quelli che vi adulano, a lungo andare sono più controproducenti di quelli che vi contraddicono. E circondatevi di persone sorridenti, portano più fortuna. L'uomo parla di testa e di viscere: quando parla di viscere, non state tanto a sentirlo e neanche a colpevolizzarlo. Bisogna capire le debolezze dell'uomo.*
14) *Date sempre quanto dovete e ricordate che spesso non è questione di quanto, ma di come e di quando.*
15) *Non prendete mai decisioni sotto l'influsso dell'ira, della premura, della delusione, della preoccupazione, ma demandatele a quando il vostro giudizio potrà essere più sereno.*
16) *Ricordate che un buon capo può far sentire un gigante un uomo normale, ma un capo cattivo può trasformare un gigante in un nano.*
17) *Se non credete in questi princìpi, rinunciate a essere capi.*

Lui stesso era un capo a volte duro, ma sempre pronto a scusarsi se avvertiva di aver esagerato. Spiega Gabriele Bottero, per quattro anni nella segreteria personale di

Michele: «Quando era necessario, sapeva alzare la mano e chiedere scusa se il nervosismo lo aveva deviato in maniera insolita. Metti che nelle riunioni avesse dovuto per il suo ruolo usare la voce grossa, in macchina mi diceva: 'Chiama quel signore' e gli chiedeva scusa. Giustificava le sue ansie così: 'Quando ho un'ispirazione, la voglio vedere realizzata in tempo reale, e se qualcuno gioca di politica o di accordi e crea all'interno dell'azienda dei ritardi, io devo essere molto attento ed evitare che si ripercuota sul risultato'».

Un episodio analogo lo racconta Piercarlo Sibona, già direttore del personale del Gruppo: «È il giorno di Pasquetta, io sono in casa vicino Torino, quando mi chiama dalla Spagna la signora Maria Franca Ferrero. Mi dice che è a Palma, nelle Baleari spagnole, per una breve vacanza, e che suo marito non si sente bene. Posso andare a Caselle, prenotare un'aeroambulanza privata per farlo venire a prendere e riportarlo a casa in Piemonte? Mi precipito all'aeroporto di Torino, trovo un'agenzia che può risolvere il problema, l'aereo parte ma... punta su Las Palmas, alle Canarie, non a Palma di Maiorca. A sera mi richiama la signora Maria Franca per dirmi che stanno ancora aspettando l'arrivo dell'aereo. Oddio, mi accorgo di aver fatto un errore madornale. Ormai non è più possibile far ripartire l'aereo dalle Canarie. Inutile dire che quella notte l'ho passata insonne. La mattina dopo ero all'aeroporto di Caselle ad aspettare l'arrivo dalle Baleari del signor Michele e della moglie. Ero di umore nero. Il signor Michele è sceso dall'aereo, si è diretto verso di me e mi ha stretto la mano sorridendo: 'Certo, Sibona, lei ha sbagliato, però è l'unico che si è fatto trovare nel giorno di festa di Pasquetta e quindi mi ha reso meno difficile quella situazione'».

Ecco cosa racconta Marco Serra, dirigente del settore praline, entrato in azienda nel 1987 all'età di sedici anni: «A proposito di giornate particolari, ne ricordo almeno due. La prima quando mi sono sposato. Ero in municipio ad Arma di Taggia, quando mi squilla il telefono. È lui, il signor Michele, che mi dice: 'Ma dove sei? Ti aspettiamo qui in questa riunione importante'. Io lo informo che sono in Liguria per sposarmi. E lui, deciso: 'Non mi interessa, ti mando un elicottero, ti porta qui, partecipi alla riunione e poi magari ti riporta indietro'. Sono rimasto di sasso, non sapevo come giustificare il fatto che potevo addirittura assentarmi dal pranzo di nozze, invece poco dopo il telefono è squillato di nuovo ed era il dottor Nicola, tra i principali collaboratori di Ferrero: 'Non ti preoccupare, sono riuscito a convincerlo a non disturbarti il giorno del matrimonio'. Allora ho capito che era stata una telefonata scherzosa... Un altro giorno speciale fu quando nacque mia figlia. Ero in ospedale con questo batuffolo appena venuto al mondo, di fianco a mia moglie, quando squillò il mio cellulare: 'Vieni in azienda, devo dirti una cosa importante' mi fa lui. Io replico: 'Ma sono in ospedale con mia moglie che ha appena partorito'. Lui insiste: 'Vieni, ti aspettiamo', e chiude la conversazione. Chiedo scusa a mia moglie e vado in Chimica. Lì trovo tutti i dirigenti che hanno in alto i calici per brindare alla mia primogenita Rebecca. Una festa indimenticabile».

A tanta cura nei rapporti con i collaboratori corrisponde un atteggiamento cauto nei contatti con la stampa. Ecco la testimonianza dell'avvocato Giulio Coppi: «La Ferrero era un'azienda riservata, poco accessibile ai giornalisti, e questa per me, che venivo dall'Alfa Romeo e dal mondo pubblico, era una singolare novità. Parlai al signor Michele della necessità che la Ferrero si aprisse al mondo esterno. La sua prima mossa fu quella di aprire le porte degli stabilimenti alle scuole. Le lascio immaginare lo sguardo affascinato di migliaia di alunni che incontravano un'infinità di barattoli di Nutella e di ovetti Kinder Sorpresa... Fu anche l'inizio di una parziale apertura al mondo esterno, così da mostrare la Ferrero come modello possibile per l'industrializzazione italiana».

Due eventi segnano, in modo diverso, questi anni di successi personali. Il primo avviene a Città del Vaticano.

Ricorda Giovanni Raimondo, cinquantasei anni in Ferrero, già direttore commerciale: «Eravamo a Roma per la prima riunione dei dirigenti operanti nel vecchio continente per una reale europeizzazione del Gruppo. Alcuni di noi si spostano in San Pietro per la messa. Al termine il signor Michele, la madre Piera e la moglie Maria Franca si staccano dal gruppo per andare a un incontro riservato con Papa Montini che pochi giorni prima ha emanato l'enciclica *Populorum progressio* (Lo sviluppo dei popoli). Quell'incontro con il pontefice, in un anno che vede crescere tensioni sociali e scioperi in tutt'Italia, è destinato a incidere profondamente nell'animo di Michele Ferrero».

«Dopo quell'incontro, a Michele Ferrero sentirò spesso ripetere questa frase: 'Il sole al mattino deve sorgere per tutti'» ricorda Gianni Mercorella. Senza dubbio una tappa importante nel cammino che lo porterà a istituire, sedici anni dopo, la benefica Opera Sociale e la Fondazione, aggiungendo ai verbi *lavorare* e *creare* anche il terzo: *donare.*

L'altro evento memorabile va in scena ad Alba sabato 16 settembre 1967, con la visita del presidente del Consiglio dei ministri Aldo Moro. Un autentico bagno di folla. Antonio Buccolo, che ha seguito per trentotto anni nel Centro Elaborazione Dati l'iter informatico della Ferrero, lo ricorda con emozione: «Da un certo momento in poi in azienda arrivavano politici e amministratori locali e nazionali, attori, protagonisti di vari settori della società. Però la visita dell'allora premier Aldo Moro è stata particolare per un motivo. Lui era stato il primo leader nazionale a promuovere un graduale avvicinamento della Democrazia Cristiana, che ad Alba era molto forte, alla Sinistra, prima guidando governi di centro-sinistra con il Partito socialista e poi varando la cosiddetta strategia dell'attenzione verso il Pci attraverso il compromesso storico. Quindi noi dipendenti abbiamo percepito quel premier con rispetto verso una figura istituzionale che includeva la dignità e il benessere delle masse operaie e la necessità di collaborare per avere una maggiore coesione nella produzione».

L'ex sindaco Ettore Paganelli ricorda la visita di Moro come una tappa miliare della capitale delle Langhe. E svela qualche retroscena: «Il prefetto di Cuneo mi informò che l'onorevole Moro voleva andare prima a Dogliani per rendere omaggio alla tomba del presidente Luigi Einaudi e poi sarebbe venuto ad Alba. Mi chiese una valutazione sulla visita del premier. Gli risposi che era assai gradita e non avrebbe originato inconvenienti legati all'ordine pubblico, ma che ci sarebbe stata una partecipazione piuttosto contenuta di folla. Raramente una previsione fu così sbagliata! L'auto di Moro e dell'accompagnatore, il sottosegretario al Turismo Adolfo Sarti, attraversò vie e piazze stracolme. Interessanti e altrettanto trionfali furono le visite alla Ferrero, e anche alla Tessiture Miroglio e alla San Paolo. Quando, sul piazzale della Ferrero, alla sera, mi salutò, Aldo Moro, che era diretto all'aeroporto di Torino dove avrebbe preso un aereo di linea, mi disse che ben di rado, durante le visite in varie località della penisola, aveva ricevuto un'accoglienza così affettuosa e calorosa».

Di quell'evento resta anche la memoria delle immagini archiviate dall'Istituto Luce: l'ingresso nello stabilimento accolto da Michele e Piera Ferrero, gli applausi degli operai, la visita ai reparti produttivi e ai nastri sui quali scorrono i cioccolatini Mon Chéri, le strette di mano e le parole che lo statista, stimolato dall'universo ordinato e virtuoso trovato ad Alba, pronuncia davanti a loro.

Qualche anno dopo, Moro tornerà sugli stessi concetti in un editoriale per *Il Giorno* intitolato *Il bene non fa notizia, ma c'è*. Vale la pena di citarne qualche passo.

> *Vi sono delitti, guerre, incomprensioni, divisioni... Così è fatto il mondo. Il giornale, come strumento di informazione, non può certo esimersi dal registrarli. Chi legge ne tragga poi le conclusioni. Vorrei solo rettificare una visione troppo angusta e, forse, troppo rassegnata degli avvenimenti umani e sociali. E infatti si può dire, in generale, che la realtà sia tutta e solo quella che risulta dalla cronaca deprimente, e talvolta agghiacciante, di un giornale?*
>
> *Certo, il bene non fa notizia. Quello che è al suo posto, quello che è vero, quello che favorisce l'armonia è molto meno suscettibile di essere notato e rilevato che non siano quei dati, fuori della regola, i quali pongono problemi per l'uomo e per la società. Ma questa ragione, per così dire, tecnica, questo costituire sorpresa, questo eccitare la curiosità non escludono certo che, nella realtà ci sia il bene, il bene più del male, l'armonia più della discordia, la norma più dell'eccezione.*
>
> *Penso all'immensa trama di amore che unisce il mondo, a*

esperienze religiose autentiche, a famiglie ordinate, a slanci generosi di giovani, a forme di operosa solidarietà con gli emarginati e il Terzo Mondo, a comunità sociali, al commovente attaccamento di operai al loro lavoro. Gli esempi si potrebbero moltiplicare. Basta guardare là dove troppo spesso non si guarda e interessarsi di quello che troppo spesso non interessa.

Questa è la verità delle cose. Questa è la proporzione tra bene e male nella vita. Le anomalie possono essere talvolta vistose, ma vi è una realtà positiva, verso la quale l'attenzione e la segnalazione sono non meno naturali e non meno doverose che non siano quelle che riguardano i momenti negativi della vita umana e sociale.

I dipendenti che ascoltano si riconoscono nelle parole di Moro. E quando il leader politico, nel 1978, sarà prima rapito e poi ucciso, la Ferrero aprirà le porte dello stabilimento di Alba, indirà un corteo, qualunque dipendente sarà libero di andare in manifestazione. Racconta Antonio Buccolo: «Ci siamo ritrovati in tanti in piazza Duomo a dire NO, noi siamo contro i terrorismi, siamo contro gli estremismi di certe fazioni. La Ferrero viaggia per conto suo e vuole l'unità di tutti. La visita di Moro l'avevamo vissuta noi dipendenti come la visita di un alleato, di uno che era in sintonia con il signor Michele quando diceva che 'la fabbrica è per l'uomo e non l'uomo per la fabbrica'».

21
Love brand

Anni Sessanta-Settanta

Non è solo la Nutella a consolidare la Ferrero in questi anni. Il 1968, per esempio, vede la nascita di un'altra pralina destinata a entrare nel mito, un guscio di fondente ripieno di caffè: il Pocket Coffee.

Il miracolo economico ha dato vita a una nuova categoria di consumatori. La società del benessere riconosce ai giovanissimi, non solo in Italia ma in tutto il mondo industrializzato, una posizione di primo piano che prima non avevano mai avuto. La Ferrero è tra le aziende che capiscono l'importanza di questo fenomeno e riescono a coglierlo nei suoi aspetti più sostanziali. Allontanato il ricordo della guerra e metabolizzato anche il periodo successivo, nel quale i genitori volevano che i figli non dovessero sopportare nessuna delle privazioni che loro invece avevano dovuto patire, si è aperta una nuova fase. Adesso la generazione dei baby-boomer deve essere non solo più nutrita, ma nutrita meglio, in modo sano.

Per una realtà ricettiva e reattiva come la Ferrero, questo significa nuove esigenze del mercato e, di conseguenza, la necessità di pensare a nuovi prodotti e nuove intuizioni. L'obiettivo è dare ai ragazzi un cioccolato che non abbia le controindicazioni che gli vengono attribuite nell'opinione comune. Per dirla terra terra: che se ne possa mangiare di più senza rischiare i brufoli o il mal di pancia.

Siamo nel fatidico Sessantotto, anno di forti tensioni sociali e rivendicazioni giovanili in Italia e nel mondo, quando Michele Ferrero, che intanto ha trasferito la famiglia da Alba a Pino Torinese per essere più vicino al centro direzionale, lancia la sua soluzione contro colossi forti e apparentemente invincibili come Nestlé, Perugina, Motta, Alemagna, Lindt, Pavesi, Venchi, Elah. Si chiama Kinder, che in tedesco significa 'bambini'. Altro nome scelto con cura, e se per ora è soltanto una barretta, diventerà presto un marchio di notorietà internazionale – un *love brand* globale, come lo definisce Giovanni Ferrero – che oggi identifica ventidue prodotti di successo in più di centoventicinque Paesi.

Kinder è una barretta di cui il cioccolato al latte costituisce solo il guscio esterno: il ripieno è di latte, alimento sano e nutriente per definizione. Il lancio è accompagnato dallo slogan 'Più latte, meno cacao', qualcosa più di una trovata pubblicitaria: scaturisce dalle intrinseche qualità di un prodotto attentamente pensato da Michele Ferrero, che un giorno chiama i suoi manager e consegna loro un pensiero: «Se noi imitiamo i prodotti delle grandi aziende concorrenti, saremo per forza perdenti, perché ci schiacciano con la loro forza. Loro sono dei cacciabombardieri e noi una piccola barca. Ci spazzano via con un colpo solo. Dobbiamo starne alla larga. Dobbiamo invece inventare dei prodotti nuovi che loro non hanno. Se riusciamo a soddisfare le nuove esigenze dei consumatori, allora abbiamo la speranza di potercela fare. Dobbiamo inventare un cioccolato che piaccia ai ragazzi. Loro, si sa, ne sono golosi. Ma questo cioccolato deve andare bene anche alle madri, dobbiamo convincere le madri».

Il prodotto-impresa Kinder nasce con questa chiara, decisa filosofia. Spiega il marketing manager Giuseppe W. Salice, presente in quella circostanza: «Kinder è un'idea formidabile di Michele Ferrero. La sua incomparabile capacità di analisi e intuito gli ha sempre consentito di anticipare i tempi, di prefigurare l'evoluzione delle tendenze, di prevedere i futuri desideri dei consumatori. È facile, con il senno di poi, parlare di Kinder. Il problema e la sfida era crederci negli anni Sessanta. Ferrero ripeteva spesso nel corso delle riunioni: 'I figli sono da sempre nel cuore dei loro genitori. Chi tratterebbe male un *gagno* [in piemontese: bambino]? Che cosa non si farebbe per loro, perché sono la nostra vita?' E continuava: 'Per i ragazzi noi dobbiamo fare dei prodotti specializzati, con un forte valore tecnologico. Devono essere tanto ricchi di latte, perché il latte è alla base della vita e della salute. Devono essere buoni e golosi, ma anche sani e nutrienti. Per i ragazzi dobbiamo scegliere le materie prime migliori e più qualificate. E dobbiamo far vedere il latte che usiamo per fare i nostri prodotti'. Poi, pensando tra sé e sé, aggiungeva ad alta voce: 'I prodotti Kinder devono essere tanti per coprire i momenti principali della giornata e dell'anno. Dobbiamo riuscire a capire per poter rispondere a tutte le esigenze dei ragazzi'».

Questa idea viene perfezionata in uno speciale gruppo di lavoro. Il risultato è sintetizzato in un manifesto che nell'estate del 1971 compare a Ivrea, identificata come area per testare i prodotti. Nella campagna pubblicitaria, persino la Nutella è collocata sotto il brand Kinder, così come ci sono una bevanda per ragazzi, Kinder Bibita mia, e un gelato, Kinder Merenda fresca. I manifesti di questa campagna dimostrano con chiarezza e precisione il progetto Kinder nella mente di Michele Ferrero. Così concepito, Kinder punta a diventare «lo zoccolo duro della Ferrero» e l'avamposto di difesa per le praline, che ancora si presentano come un mercato difficile e oscillante, poco radicato nelle abitudini di consumo delle persone.

Oggi Kinder è un'azienda nell'azienda. Dobbiamo a Salice altri dettagli sull'origine della Kinder Division: «Era una nuova categoria di cioccolato, in grado di tranquillizzare le madri per la sua alta percentuale in latte e per la porzionatura, ma anche in grado di soddisfare la golosità e la voglia di buono dei ragazzi. L'idea di Kinder Cioccolato sorse durante una visita di Michele Ferrero, in incognito come amava fare, nei punti vendita a Francoforte. Davanti al reparto delle tavolette di cioccolato, chiese ad alcuni collaboratori – e quindi per primo a se stesso – come poter entrare nel mercato delle tavolette. La risposta che si diede fu una tavoletta di cioccolato specializzato per i ragazzi, non intera, ma divisa in tante barrette, ognuna singolarmente incartata. Poiché è porzionato, Kinder Cioccolato può essere regolato dalla madre secondo le varie esigenze del momento. Anche se la madre dà al bambino una sola barretta, non gli dà un pezzo di cioccolato, ma una porzione finita, e il bambino è contento. La presenza dell'astuccio in cartoncino attribuisce particolare eleganza al prodotto. In questo modo Kinder Cioccolato ha un preciso valore alimentare per il latte e ha un trattamento da cioccolatino. Per queste ragioni dopo tanti anni di produzione Kinder Cioccolato risulta tutt'oggi un prodotto moderno e attuale, imitato dalla concorrenza».

In un'altra circostanza, Michele Ferrero si rivolge al gruppo di lavoro con queste parole: «La Kinder deve saper unire il cuore e la mente. Non può essere soltanto 'testa' (cioè soltanto alimentare come il pane), né può essere soltanto 'cuore' (cioè prodotto semplicemente goloso). Kinder mette d'accordo testa e cuore con i propri prodotti».

Questa impostazione è evidente fin dal 'vestito' dei prodotti Kinder. Infatti sul packaging compare la colata bianca (simbolo del latte) su un campo arancione (colore di gioia e vitalità, caratteristiche dei ragazzi) e con il cartiglio azzurro (che definisce i tratti distintivi e salienti di ogni prodotto). Sulla confezione è ritratto il volto del 'bimbo Kinder': è il piccolo tedesco Günther Euringer, destinato poi a diventare un bravo fotografo.

Gli anni Settanta in Ferrero sono sotto il segno della ricerca e dell'innovazione, dunque, e il percorso comprende investimenti importanti negli ambiti dell'elettronica, dell'automazione, dell'informatica e della robotica per produrre di più e meglio e a costi competitivi.

Nella ricerca di nuove strade e nuove soluzioni, si fa forte il richiamo della televisione come strumento di diffusione commerciale dei marchi. Ferrero è una delle principali aziende a utilizzare i primi spazi pubblicitari in tv, sotto l'attenta regia di Michele che crea un'agenzia interna all'azienda, la Pubbliregia, per tenere sotto controllo l'intero ciclo progettuale, dall'ideazione alla realizzazione, tutto sempre avvolto dalla massima riservatezza.

Per pubblicizzare Nutella viene scelta una serie di animazione con disegni dei fratelli Toni e Nino Pagot: *Gigante amico.* Sulle cartoline da spedire per partecipare alla lotteria di Capodanno, abbinate alla popolare trasmissione *Canzonissima*, fa il suo debutto Mon Chéri.

Partono le prime sponsorizzazioni sportive, con il 50° Giro d'Italia, vinto da Felice Gimondi: a ogni tappa un premio targato Ferrero al vincitore. Al seguito dei ciclisti gira la penisola l'amatissimo Treno dei bimbi.

Il successo della linea Kinder è immediato e va al di là delle più rosee aspettative. L'idea Kinder fa crescere ulteriormente la Ferrero. Il nuovo decennio fotografa una multinazionale da settemilasettecento dipendenti. Il fatturato mondiale sfiora i centoventi miliardi di lire e una produzione giornaliera di oltre cinquemila quintali tra creme da spalmare, praline, caramelle e merendine.

Nel 1974 apre i battenti una nuova sede commerciale in Canada, a Toronto, e uno stabilimento produttivo nella lontana Australia, a Lithgow, tredicimila abitanti a centocinquanta chilometri a ovest di Sidney e a diciassettemila chilometri da Alba, per produrre Nutella e Tic Tac, stabilimento che oggi vanta diversi fiori all'occhiello su un piano non solo produttivo: all'insegna della multiculturalità, i suoi dipendenti appartengono a ventuno diverse nazionalità e festeggiano ogni anno ad agosto l'Harmony Day per celebrare l'integrazione, il rispetto e il senso di appartenenza di ognuno.

Oltre alle attività in Australia, dove Ferrero gestisce Agri Australis, azienda agricola di duemilaseicento ettari che assicura circa cinquemila tonnellate di nocciole l'anno, il team locale supporta lo sviluppo del business anche in Nuova Zelanda, che viene gestito tramite un distributore esclusivo con base ad Auckland e riceve riconoscimenti governativi per le migliori pratiche sostenibili messe in atto, come il Green Globe Award 2015 per l'eccellenza ambientale e l'Infrastructure Project

Innovation New South Wales Award, ottenuto grazie al bioreattore per il trattamento delle acque reflue e alla riduzione del quarantuno per cento in dieci anni di emissioni di gas serra per tonnellata di prodotti.

22
Emozione, magia, gioco

Alba, anni Settanta

Parlando del rivestimento al latte della barretta Kinder abbiamo usato la parola *guscio.* È stato un mezzo lapsus, ma è facile intuirne la ragione: il pensiero era già rivolto agli ovetti di Kinder Sorpresa che usciranno sei anni più tardi.

La genesi di quel prodotto l'ha raccontata lo spagnolo Arturo Cardelus, nel corso di un convegno della Ferrero in Russia.

«Alla base c'era il ricordo di una storia commovente che un giorno Michele Ferrero aveva raccontato a un amico del marketing: 'Mio padre durante la Prima guerra mondiale era sul fronte russo e un giorno, alla fine della guerra, si trovava in difficoltà. Una *babushka* [in russo, nonna] ha avuto compassione di lui e gli ha dato tre uova. Con quelle tre uova ha potuto sopravvivere. È per questo che ho fatto Kinder Sorpresa: per me è come dare le uova a tutto il mondo come riconoscenza'. Lui ha raccontato questa storia varie volte. In genere cominciava a narrare, poi si emozionava e diceva a me: 'Adesso, Arturo, finiscila tu questa storia'».

Nel 1974, anno in cui la strategia della tensione tocca

l'apice e porta l'Italia sull'orlo di un colpo di Stato, e gli italiani votano per mantenere in vigore la legge sul divorzio, prende forma all'interno della Ferrero un'apposita divisione interamente dedicata alla linea Kinder. Da quel momento Kinder non è un solo prodotto, ma un'intera famiglia di prodotti.

Di fatto, il salto avviene proprio con i leggendari ovetti, che sono frutto, ancora una volta, dell'inventiva di Michele Ferrero. L'idea è quella di abbinare la merenda al gioco. Per i bambini è intrigante il fatto che, dentro l'ovetto, ci sia una sorpresa: per loro, per dirla con le parole dello stesso creatore, «è come se fosse Pasqua tutto l'anno». Ma ancora più interessante è il pensiero che sta dietro alle sorprese. «Dobbiamo fare sorprese di qualità. Non possiamo deludere i bambini» spiega Ferrero stesso. «Kinder Sorpresa è una 'emozione' perché dentro c'è sempre qualcosa di nuovo e di inatteso, qualcosa di sorprendente. È 'magia', perché ti incanta e ti meraviglia. È 'il gioco della fantasia' ma è anche 'il bambino che c'è dentro ognuno di noi'. Allora Kinder Sorpresa va bene per tutti. Piccoli e grandi. Perché è una favola dove tutti ci vogliamo bene».

Sulla base di questa intuizione, il signor Michele mette in piedi una squadra di tecnici con l'obiettivo di costruire al meglio le sorprese, come piccoli giocattoli da montare. Il traguardo è quello di arrivare a giochi di alta qualità, che non siano percepiti come oggetti futili o cianfrusaglia, ma come oggetti dotati di valore perché esclusivi. Negli ovetti i bambini trovano qualcosa da montare che li tiene occupati, stimola la loro fantasia e la loro manualità. Non è poco: negli anni del consumismo, la Ferrero cerca di fare qualcosa di più e di diverso, anche educativo.

Il mercato premia ancora una volta la visione di Michele Ferrero, che si incarna in prodotti tanto forti da inaugurare un autentico filone che si arricchisce continuamente: dopo la barretta e gli ovetti, nel 1975 compare Kinder Brioss; un altro anno e arriva Kinder Cereali, e poi ancora Kinder Colazione più e Kinder Délice. E l'escalation di prodotti e di successo continua anche ai nostri giorni con Kinder Bueno, un wafer ricoperto di cioccolato, e poi Kinder Fetta al latte, Kinder Pinguì e Kinder Paradiso, vere e proprie innovazioni che consentono alla Ferrero di creare un nuovo segmento di mercato: quello delle merendine fresche. Dal 1989 Kinder si presenta anche sul mercato delle uova pasquali.

Il ritmo è davvero incessante. Tante idee, tanti progetti diventano rapidamente realtà concrete. Il silenzioso Michele è sempre più vulcanico: l'indice di natalità dei prodotti Ferrero è altissimo. E questo lievito creativo si traduce in parole e metafore «che il signor Michele ripeteva fino a sessantasei volte la settimana in modo che anche il più cocciuto di noi le facesse sue come idee chiave» ricordano in molti.

Contemporaneamente la Ferrero sviluppa una strategia di nuovi prodotti che mirano anche agli adulti. Nel 1969 arriva Tic Tac, un confettino alla menta. Come Nutella, Mon Chéri e la linea Kinder, è un prodotto unico, studiato in tutti i particolari. Il nome, a dire di Michele, vuole idealmente rappresentare il battito da portare sempre nel cuore, e insieme il funzionamento della scatolina che contiene i confettini, la prima in assoluto di questo tipo.

Ennesimo successo, in particolare negli Stati Uniti, dove Tic Tac è il prodotto Ferrero più venduto in quegli anni. A Michele non sfugge che, nella società moderna, non conta solo il 'che cosa' bisogna produrre per accontentare i gusti del pubblico, ma anche 'come' il prodotto viene consumato. È una sensibilità ereditaria, già manifestata quando preparava la Pasta Gianduja da spalmare sul pane. Con il tempo, però si è affinata sino a diventare una componente distintiva.

Un altro prodotto simbolo di questa filosofia è, nel 1972, l'Estathé, il primo tè freddo confezionato in bicchieri monodose dotati di cannuccia. Un ennesimo successo che vanta innumerevoli tentativi di imitazione. Grazie all'intuizione del bicchiere monodose nessuno riesce a scalfire i traguardi ottenuti dalla Ferrero anche in questo campo. L'Estathé è il primo in ordine di tempo e, dopo decenni, è tuttora ai vertici di un mercato che è cresciuto enormemente.

Sono senza dubbio risultati che riempiono di soddisfazione tutti coloro che in quegli anni lavorano alla Ferrero, diventata nel 1973 holding Ferrero International Sa con sede in Lussemburgo.

Non ci si deve fermare all'aspetto più esteriore di queste vittorie. È il mestiere di qualunque azienda produrre di più e meglio, accrescere i ricavi e gli utili. Ma c'è qualcosa di più, che le cifre, per quanto lusinghiere, a volte non dicono in maniera abbastanza chiara. Sin dai primi anni, Ferrero dimostra di saper pensare in grande quando questo richiede una buona dose di coraggio. Lo testimoniano l'espansione a livello nazionale e poi lo sbarco in Germania. Poi, negli anni dell'opulenza e del consumismo, quando tutto sommato sarebbe facile accontentarsi dei risultati già ottenuti, Michele Ferrero non si accontenta, pensa costantemente a inventare e realizzare prodotti fatti non solo per vendere ma anche per servire meglio il consumatore. Il pubblico lo capisce e premia, anche sul piano industriale, scelte che non erano né facili né comode. È così, grazie a questo rapporto di reciproca fiducia, che gli anni Sessanta e Settanta, quelli del consumismo ma anche della competizione più agguerrita sul mercato, si chiudono con un bilancio largamente favorevole, in una continuità di risultati e di riconoscimenti a cui si aggiunge una ulteriore espansione nei mercati mondiali.

23
Lavorare, creare, donare

Anni Settanta-Ottanta

«Soltanto il lavoro ha la possibilità di assorbirmi interamente» dice Michele Ferrero. «Il mio sogno più grande è che si accorgano che vivo di lavoro e che mi facciano Cavaliere del Lavoro».

Quella onorificenza gli viene conferita dal capo dello Stato Giuseppe Saragat il 2 giugno 1971, festa della Repubblica. Questa la motivazione: 'L'impulso personale dato, dopo la morte dei fondatori Pietro e Giovanni, da quando egli aveva appena ventiquattro anni, ha fatto sì che l'azienda ricopra un posto preminente in Italia per la quantità di produzione e di notevole importanza all'estero per la diffusione sempre crescente dei suoi prodotti'.

Vengono quindi elencati i dati del Gruppo a quell'epoca: 'Otto miliardi di capitale sociale, centoventi miliardi di fatturato di Gruppo, circa novemila dipendenti, tre stabilimenti di produzione in Italia: Alba, Pozzuolo Martesana, Avellino e due all'estero: Allendorf in Germania e Villers-Écalles in Francia'.

Due anni dopo, a Ferrero viene assegnato un premio internazionale, per la prima volta a un europeo: è il Kettle Award della rivista americana *Candy Magazine*, che si aggiunge al Goldener Zuckerhut della rivista tedesca *Lebensmittel Zeitung*.

I ricavi del gruppo Ferrero continuano a salire: centocinquanta miliardi di lire, con cinquantasei filiali di vendita diretta in Italia, tremila addetti alla distribuzione che riforniscono trecentomila punti vendita.

Nel 1974 sono costituite la Ferrero Canada Ltd, a Toronto, e l'anno successivo la Ferrero Australia Ltd, a Sydney.

Per l'Italia arriva il periodo buio degli Anni di Piombo e dei rapimenti di figure di primo piano dell'industria. Come ricordato dalla moglie, nel 1975, su indicazione del generale Carlo Alberto Dalla Chiesa, per motivi di sicurezza Michele decide di trasferire la famiglia a Bruxelles, più tranquilla e anche più strategica nel mosaico europeo della Ferrero.

Quello stesso anno inizia la penetrazione commerciale in Estremo Oriente, con la Ferrero Asia Ltd a Hong Kong e la Ferrero Japan Ltd a Tokyo; nel 1985 saranno presenti in tutto il mondo undici società di distribuzione, con tredici filiali in Germania e nove in Francia. Non viene estesa solo la rete commerciale, ma anche quella produttiva: dopo gli stabilimenti tedeschi e francesi è la volta di Quito, in Ecuador (Ferrero del Ecuador) e a Caguas, in Portorico (Ferrero Inc.) per la produzione delle Tic Tac, e a Cork, in Irlanda (Ferrero Ireland Ltd) per la produzione dei contenitori di plastica e per il confezionamento delle Tic Tac.

Nel 1976 Ferrero è leader nel settore dolciario in Italia: al primo posto per la produzione di tavolette di cioccolato, al secondo per i cioccolatini (non è ancora nato il Ferrero Rocher, partorito dopo cinque anni di ricerche nel 1982) e al top per le creme da spalmare. E non c'è da stupirsene: quasi tutti i prodotti sono leader nel proprio segmento di mercato. Michele Ferrero mette a punto un prodotto e poi lo colloca in una fascia dei bisogni del consumatore, creando così un segmento nuovo. Un prodotto capace di andare oltre il rapido consumo.

Sui giornali compare una pagina pubblicitaria che aggiorna sulle cifre del successo: 'Dopo trent'anni la Ferrero si presenta come una grande e moderna azienda con 8.000 dipendenti, che lavora annualmente 450.000 quintali di zucchero, 200.000 quintali di cacao, 140.000 quintali di nocciole, 85.000 quintali di latte, 40.000 quintali di ciliegie, con una produzione di quasi 5.000 quintali al giorno di prodotti'.

La forza di penetrazione dei dolci Ferrero è sempre più di carattere internazionale e questo dà all'azienda un altro titolo di merito: stabilmente, figura ai primi posti nella classifica delle aziende esportatrici italiane.

Per l'ideazione e la produzione di macchinari brevettati è fondata Ferrero OMS, che poi diventerà Ferrero Ingegneria. Nei supermercati si affaccia una mini-tavoletta di cioccolato: si chiama Kinder Cereali, con grano saraceno, orzo, riso e farro.

A guastare questo periodo felice nella vita di Ferrero arriva però un grave lutto: l'improvvisa morte, il 3 dicembre del 1980, a settantotto anni, della madre.

Molto amata dalle maestranze (nel suo ultimo viaggio terreno la accompagnano in ottomila), sempre al centro dell'attività dell'impresa, sin dall'inizio Piera ha curato l'amministrazione della società e tutta la parte organizzativa, continuando ad abitare nella casa all'interno dello stabilimento, in un appartamento modesto di una costruzione altrettanto modesta, che si è voluto giustamente conservare.

Nel 1962 ha assunto la carica di presidente del Consiglio di amministrazione, cosa che, operativamente, l'ha portata a sovrintendere su tutte le attività non strettamente collegate a quelle di produzione e di marketing. E, nello stesso tempo, Piera Cillario ha continuato a essere un'insostituibile consigliera del figlio Michele.

Nel dialetto delle Langhe c'è un'espressione, *Mare Granda*, difficile da tradurre in italiano con tutte le sue sfumature, ma che descrive alla perfezione una gran donna dotata di carisma e di modestia, di un quid che nessuno tra coloro che l'hanno conosciuta riesce a dimenticare. Nel 1990 l'amministrazione comunale di Alba le dedica una strada, corso Piera Cillario. Alla targa che la ricorda: «Noi aggiungiamo Mamma Piera e Donna di Langa» dice Bianca Vetrino Nicola, che le è stata assistente per anni. «Protagonista del suo tempo, alla quale la storia, non solo la storia della Ferrero, ma la storia delle donne e della società, dovrà riservare un adeguato spazio».

Oggi a nonna Piera il nipote Giovanni, secondogenito di Michele, dedica parole di commosso ricordo: «Era molto affettuosa nei confronti dei nipoti ma di una fermezza rigorosa nei confronti del figlio Michele. Era una donna forte, di grande carisma, di cultura langarola, di quella generazione che ha conosciuto la fame e che si doveva svegliare prima dell'alba per cercare di portare avanti la famiglia o di sbarcare il lunario, una generazione temprata, dotata di uno straordinario pragmatismo, di grande forza morale e anche di una visione imperniata su un futuro di progresso della condizione umana. Molti tratti della forza caratteriale di nonna Piera sono stati ereditati dal figlio, che ha perso il padre quando era giovanissimo, aveva soli ventitré anni: un doloroso e inaspettato evento che ha comportato per lui l'assunzione del compito paterno e la responsabilità di portarlo a termine. Il giovane Michele c'è riuscito ma anche grazie alla protezione di mamma Piera, che ha fatto da garante della crescita umana e professionale di suo figlio, mio padre».

Alla 'visione imperniata su un futuro di progresso della condizione umana' trasmessa dalla madre, Michele Ferrero dà forma e concretezza attraverso due iniziative non meno visionarie di quelle che ha come imprenditore. Amilcare Dogliotti ricorda la sera in cui Michele gli parla non di un prodotto ma del primo di quei due pionieristici progetti: «In una passeggiata che feci con lui a Bruxelles, il signor Michele mi informò della sua forte convinzione che è stata alla base della sua Opera Sociale: 'Io non voglio che chi ha dato la vita all'azienda finisca la sua vita a giocare a carte al bar o sulla panchina ad aspettare la morte. Io voglio che chi ha dato il suo lavoro onesto e fecondo si ritrovi, dopo la pensione, con il suo compagno di lavoro; e che abbiano la possibilità di esprimere gratuitamente quelle passioni che durante il lavoro non hanno potuto scambiarsi, penso a quelli che amano disegnare o a chi sa fare ceramica, a chi frequenta i laboratori di teatro e di cucito, eccetera. E poi voglio integrare l'assistenza del Servizio sanitario nazionale affinché ognuno di loro possa arrivare al miglior dottore con l'aiuto della Ferrero».

Nasce così nel 1983 l'Opera Sociale nella capitale della Ferrero, Alba, e viene diffuso nel mondo il seme di quello che sarà poi battezzato Progetto Imprenditoriale Michele Ferrero.

Il 28 settembre 1985, un sabato, nella sede della Ferrero in via Vivaro c'è una grande festa: «Fresca, entusiasmante, simpatica» la ricorda Maria Franca Ferrero. Michele quel giorno inaugura la prima sede dell'Opera Sociale, iniziativa presentata due anni prima nel castello di Grinzane Cavour. Si tratta del 'centro spirituale' da affiancare a quello produttivo dello stabilimento Ferrero. Sono passati sedici anni dall'incontro con Papa Montini. È come se le parole potenti della *Populorum progressio*, insieme agli insegnamenti di mamma Piera, l'imprenditrice che portava la cioccolata calda ai lavoratori del turno di notte e che ha voluto ad Allendorf la Villa con la musica per far ballare le ragazze dopo il lavoro, si incontrassero e fondessero in un luogo che nasce per restituire parte del tempo, del lavoro e dell'intelligenza a coloro che hanno dedicato alla Ferrero tanti anni della loro vita.

«Ciò che mi colpisce in questa Opera» commenta Giovanni Ferrero, «è la sua dimensione spirituale. Voglio dire che talvolta la Ferrero viene intesa soltanto come una realtà produttiva e industriale, dove i dipendenti parlano un loro gergo tecnico. Accanto all'aspetto materialistico, c'è anche quello spirituale, ed è straordinario che questa sede ne sia il simbolo visibile».

Michele vuole che l'Opera Sociale sia intitolata ai genitori e allo zio Giovanni perché – come sosteneva Plutarco – 'questo noi mortali abbiamo d'immortale: il ricordo che lasciamo, il ricordo che rinnoviamo'. E indica i due obiettivi: prendersi cura, in segno di gratitudine, dei dipendenti Ferrero in pensione, promuovendo una concezione attiva, solidale e creativa dell'invecchiamento, e realizzare iniziative culturali e artistiche offerte all'intera comunità, all'insegna del motto *Lavorare, creare, donare*.

Nel 1985 l'Opera Sociale ha la sua prima sede, con spazi ricreativi a disposizione degli ex dipendenti, ambulatori medici, laboratori. Nel 1991 quella iniziativa visionaria riceve il riconoscimento di ente morale da parte dello Stato e diventa a tutti gli effetti 'Fondazione Piera, Pietro e Giovanni Ferrero'. Maria Franca Ferrero – che a tutt'oggi la guida dedicandovi molto tempo ed energie – ne diventa presidente: la affiancherà, nella prima fase, un attivissimo segretario generale, Augusto Martini.

L'avvocato Giulio Coppi, che alla nascita della Fondazione offre un contributo decisivo, racconta: «L'Opera Sociale permette di illuminare parte del lato umano del signor Michele. In quei primi anni Ottanta lui era un pioniere, oltre che nelle idee e nella produzione, anche per il rispetto verso i dipendenti. A quell'epoca non c'era nessuno che pensava all'aspetto sociale dell'impresa, a rendere partecipi i dipendenti alle sorti dell'azienda».

Lavorare, creare, donare: tre parole che sintetizzano ed esprimono con esattezza la filosofia abbracciata dall'azienda e che compaiono da subito nel logo della Fondazione. Volgendo lo sguardo all'indietro, l'attuale presidente di Ferrero SpA e segretario generale della Fondazione, Bartolomeo Salomone, sottolinea quanto quella visione abbia anticipato i tempi: «Oggi le grandi multinazionali sono attente alla loro responsabilità sociale, perché va a incidere sulla costruzione del loro profilo reputazionale. Si può dire che il signor Michele Ferrero è stato, anche in questo, un precursore; ma quando ha dato vita all'Opera Sociale e alle iniziative poi incluse nel titolo 'Progetto Imprenditoriale Michele Ferrero' non aveva come primo pensiero la propria reputazione. Erano iniziative che lui sentiva di dover assumere e concretizzare, come un dovere morale, e questa sua grande sensibilità ha costituito, nella vita del Gruppo Ferrero, un profilo reputazionale vero, naturale, non artificioso né scontato. Questo è avvenuto con decenni di anticipo: la responsabilità sociale di Ferrero è cresciuta spontaneamente, come evoluzione virtuosa dei valori innescati da Michele Ferrero e dalla sua famiglia».

A Salomone danno ragione i sondaggi: nel maggio del 2009 il Reputation Institute di New York, società indipendente attiva nel misurare la reputazione delle aziende, dopo aver realizzato un'indagine in trentadue Paesi intervistando più di sessantamila persone, ha concluso che i consumatori ritengono Ferrero il marchio più affidabile e con la migliore reputazione al mondo. Una medaglia d'oro confermata dieci anni dopo dall'Istituto Kantar TNS: la sua ricerca, svolta in tutto il mondo su commissione della Randstad, coinvolgendo in Italia settemilasettecento persone tra i diciotto e sessantacinque anni, pone la Ferrero in cima alla classifica generale per attrattività. Il premio Randstad Globe va all'azienda di Alba in cinque settori specifici: sicurezza del posto di lavoro, atmosfera di lavoro piacevole, buona reputazione, equilibrio tra vita professionale e privata, responsabilità sociale d'impresa.

Torniamo alla Fondazione Ferrero. Ha la sua prestigiosa sede in via Vivaro ad Alba, viene progettata dall'architetto Valerio Demaria e realizzata dall'impresa Barberis. Decisivo si rivela il lavoro di tanti esperti e collaboratori che hanno affiancato, ai fondi aziendali e all'impegno lavorativo, entusiasmo e amore. «Il cuore e il portafoglio» per dirla con Gianpiero Armiraglio. Oltre agli spazi ricreativi, ai laboratori e agli ambulatori medici, a disposizione degli ex dipendenti, come racconta Ada Aimasso, quarant'anni di lavoro come segretaria, vengono messe a disposizione dei dipendenti auto e benzina con cui lei e un gruppo di altri pensionati volontari accompagnano gli iscritti a visite mediche, o per altre attività di volontariato.

Una parte considerevole dell'attività è quella degli eventi culturali. Edoardo Borra, uno dei collaboratori della Fondazione, spiega: «Qui, per esempio, sono stati esposti per la prima volta i manoscritti di Beppe Fenoglio, mentre per le mostre d'arte gli interessi e le iniziative spaziano dai protagonisti del Rinascimento piemontese alle avanguardie del Novecento, anche seguendo il percorso biografico e intellettuale di grandi personalità, come lo storico e critico d'arte Roberto Longhi, nato proprio qui ad Alba, o il pittore Pinot Gallizio, altro albese geniale e senza confini».

Ha visto giusto Michele nel consegnare l'Opera ai suoi dipendenti. Vale la pena di riportare qui le parole da lui pronunciate nella giornata inaugurale.

Ringrazio tutti coloro che hanno voluto onorarmi della loro presenza in questa cerimonia che, nella voluta semplicità in cui si svolge, ha un contenuto di profondo significato spirituale. Sto pronunciando queste parole con il cuore colmo di commozione, poiché nella solennità di questo momento, sto vivendo gli aneliti e le speranze che mi hanno accompagnato nella mia lunga vita lavorativa. Sento tutta l'emozione che sgorga dal mio animo nel vedere il compimento di un sogno a lungo vagheggiato e al quale sono stati finalizzati tutti i miei sforzi, la mia dedizione. Poiché, e qui amo ripeterlo ancora, il movente di fondo che è stato la costante di base di tutta la mia azione si riconduce:

– all'impegno solenne rivolto alla memoria di mio padre Pietro e di mio zio Giovanni di dare continuità e fervore al loro insegnamento e alla loro azione pionieristica; in questo, sostenuto da quell'impareggiabile maestra che è stata mia madre Piera e quindi della mia famiglia;

– nonché allo spirito di riconoscenza verso coloro che nell'at-

tività lavorativa quotidiana hanno espresso tutto il loro entusiasmo e tutto il loro impegno esemplare, testimonianze di un legame profondo che ha permesso la creazione di quella splendida realtà che è la Ferrero di oggi.

Questi sentimenti, intensamente vissuti, mi hanno dato quella carica morale che mi ha costantemente sostenuto nell'affrontare congiunture e difficoltà e mi hanno fatto profondamente sentire il valore degli aspetti spirituali della vita, radicando sempre di più in me la convinzione di dare uno scopo più elevato al mio lavoro. Così è nata in me la determinazione, che con costanza ho fin qui perseguito, di realizzare un'opera che onorasse il ricordo di mio padre, di mio zio, di mia madre (veri maestri di vita e alte espressioni di quei valori cristiani e umani sui quali si è improntata la loro attività imprenditoriale), e che nello stesso tempo esprimesse in modo concreto il mio sentimento di gratitudine verso gli anziani.

L'Opera Sociale Piera, Pietro e Giovanni Ferrero segna la realizzazione di quella mia volontà di cui oggi, in questa cerimonia, noi solennizziamo una fase di grande importanza: l'inaugurazione e la consegna della sede all'istituzione.

L'istituzione dovrà rappresentare il legame costante del passato col presente e col futuro: attraverso essa gli anziani continueranno a sentirsi parte integrante della società e, nello stesso tempo, costituiranno un preciso punto di riferimento per i giovani, nella certezza che questi sapranno recepire i sentimenti ispiratori dell'Opera e sapranno cogliere dall'esempio dei lavoratori anziani quei valori di base su cui si fondano le premesse per un futuro migliore.

La sede, attraverso le sue strutture, dovrà costituire l'ambiente ideale affinché i nostri anziani possano vedere soddisfatte le loro esigenze di svago, di creatività, di conforto culturale e di efficienza fisica; non solo, ma essi dovranno qui ritrovare quell'atmosfera di unione e armonia che ha caratterizzato la loro attività lavorativa in azienda.

L'inaugurazione della sede è un traguardo cui faranno seguito il complesso di iniziative che costituiscono i contenuti dell'Opera sociale alla quale io continuerò a dedicare tutti i miei sforzi e le mie attenzioni.

È con questi sentimenti che consegno oggi all'Opera Sociale Piera, Pietro e Giovanni Ferrero la Sede come atto di affetto e di riconoscenza nella certezza che questo primo traguardo avrà uno sviluppo sempre più luminoso.

A rispondere quel giorno a nome di tutti è Agnese Zorgniotti, detta 'Agnesina', la Maestra del Lavoro che da molti anni è vicina a vecchi e giovani collaboratori della Ferrero, dei quali tutela i diritti sociali spostandosi quasi quotidianamente e instancabilmente tra Alba, Cuneo e Torino.

Sono sicura di esprimere lo stato d'animo di tutti i pensionati di questa splendida Sede se affermo che è con viva emozione che i Pensionati prendono concretamente possesso della loro Casa. Una casa bellissima, di cui possono andare orgogliosi e fieri, tutta da vivere in giornate piene di alacre attività, come api operose su un meraviglioso fiore sbocciato solo per loro.

La costruzione moderna ed elegante, i materiali impiegati, gli accostamenti dei colori, i funzionali arredamenti, la disposizione dei locali e i vari servizi utilizzabili, formano un complesso di eccezionale armonia per gli occhi e per la mente e dal tutto traspare in un modo evidente la cura e l'amore con cui sono stati studiati, scelti e predisposti anche i più piccoli particolari, all'apparenza insignificanti.

Questa casa sarà sicuramente un'oasi di pace e serenità per una utile e piacevole divagazione dalla routine quotidiana.

Ognuno sentirà questo luogo come la propria Casa e ne avrà cura e rispetto affinché tutti possano trovarsi a proprio agio in compagnia dei vecchi compagni di lavoro e dei propri hobby.

Anche per coloro che risiedono lontano da Alba e non possono dunque frequentemente godere di questo luogo, si creeranno occasioni di visite e di gite affinché, anche fisicamente, i Pensionati lontani sentano sempre vivo il legame con l'Opera Sociale.

Idee, suggerimenti e quindi fattiva collaborazione possono venire anche dai luoghi più distanti (basta una lettera, un appunto, una telefonata) e proprio perché provenienti da regioni diverse per tradizioni e per abitudini, possono vivamente contribuire a portare nuove esperienze e utili consigli: la porta di questa Sede è sempre aperta, sia concretamente che idealmente.

Infatti lo spirito dell'iniziativa che oggi prende l'avvio non si esaurisce con la costruzione di questo meraviglioso edificio, anzi, avvalendosi proprio di questo 'corpo' funzionale, organizzato, e con personale altamente qualificato, potrà dedicarsi con maggiore celerità, competenza e autorità alla soluzione di quei problemi che, per un motivo o per l'altro, possono sorgere per ognuno dei Pensionati sparsi nella penisola.

Signor Ferrero, non solo Le siamo grati per la creazione di questa grandiosa Opera che degnamente onora la memoria dei Suoi cari predecessori, ma soprattutto ci confortano i sentimenti di amore e di affetto che L'hanno animata sin da quando è nata nel Suo pensiero.

Lei vuole veramente bene ai suoi Pensionati, ma altrettanto bene è ricambiato e condiviso con gli stessi sentimenti di affetto, rispetto e dedizione da parte dei Pensionati tutti.

'La rivoluzione va fatta senza che nessuno se ne accorga' ricordava la mostra *Guardiamoci negli occhi* in Fondazione, allo scadere del Novecento, dedicata a Bruno Munari, maestro sui diversi aspetti della creatività. E la Fondazione, la sua rivoluzione – infondere più vita e più felicità negli anziani e non solo – l'ha portata avanti con successo sia per il numero e l'eccellenza delle iniziative di cui si è fatta portatrice, sia per la risonanza, la qualità e la forza del loro richiamo.

Particolarmente significativa è la testimonianza di Mario Strola, una laurea in Fisica e un'intensa attività di docente di economia aziendale e sociologo sul campo, che ha dedicato un quarto di secolo di impegno in Ferrero, in particolare come segretario generale e motore organizzativo della Fondazione, succeduto ad Augusto Martini.

Strola ricorda così il suo arrivo nella squadra di Alba: «Avevo lavorato per ventitré anni in Iveco, gruppo Fiat, e il signor Michele mi chiamò nel 1992 per dare vita alla Ferrero International. Per un anno ho lavorato a Monaco, e ho ancora nelle orecchie le parole con cui Michele Ferrero mi accolse il primo giorno. E, riferendosi alla mia azienda di provenienza, mi avvisò: 'Ricordati, tu sei un metalmeccanico e per ora non capisci niente del nostro settore, ma sappi che qui da noi non si parlerà mai né di cassa integrazione né di riduzione del personale'. La formula che vidi mettere in pratica è quella che avevo conosciuto in Fiat: è chiamata *Kaizen*, in giapponese significa letteralmente 'miglioramento', indica appunto la via per il miglioramento continuo verso la qualità totale. In Fiat era arrivata nell'85, lui l'aveva introdotta già nel dopoguerra, insieme ad altre intuizioni pionieristiche come la tracciabilità dei prodotti e l'attenzione costante al capitale umano. Quali altre aziende pagano alla morte prematura di un dipendente tre anni ulteriori alla vedova, come previsto dal regolamento interno, ne assumono il figlio/la figlia e seguono l'istruzione dei figli con borse di studio fino alla laurea? Dei suoi collaboratori sapeva coltivare e valorizzare i talenti, compensandoli con il giusto dovuto, e minimizzando le debolezze. Di loro conosceva tutto o quasi: quante volte l'ho sentito dire a un dipendente, davanti a un caffè, 'se hai un problema, vienimi a trovare e parliamone, vedrai che lo risolviamo', erano parole dette con sincerità da un imprenditore che aveva allora più di ventimila dipendenti. Michele Ferrero non si è mai fatto condizionare dal conto economico, grazie alla forza che gli derivava dal fatto di non dover rispondere agli azionisti: lui diceva che 'questa locomotiva oggi è in grado di tirare un solo vagone, domani ne tirerà venti'. Era la sua teoria del 'trenino virtuoso'. Ferrero è cresciuto con talenti scelti e coltivati in casa: non ha mai assunto *guru*, ma *persone*, delle quali sapeva cogliere il profumo del talento, con un intuito straordinario. Questa spasmodica attenzione al capitale umano non gli impediva di avere attenzione in famiglia. Ricordo il giorno dell'alluvione, noi eravamo in sala Chimica illuminata da lampade ad acetilene. Eravamo affranti, lui ci tirava su invitandoci a parlare di prodotto e di futuro e intanto si preoccupava di mandare un tecnico a casa, dove era rimasta la moglie, per staccare il televisore ed evitarle quelle immagini drammatiche, senza speranza. Confesso che a lungo io non avevo compreso il valore energetico della Fondazione. Io pensavo che fosse più un dopolavoro, dove andare a leggere il giornale o per assicurarsi prestazioni sanitarie integrative. Ignoravo la realtà sociale e culturale, il modello di vita e di comunità da me conosciuto in seguito. Oggi la signora Maria Franca dice che avevo preso in mano un *dopolavoro* e l'ho trasformato in un *capolavoro*: non è vero, capolavoro lo era già, solo che lo conoscevano in pochi. Così più volte avevo gentilmente rifiutato l'invito della signora Ferrero a diventarne direttore. Alla fine mi sono convinto ad accettare l'incarico, riconoscendo che l'intuizione avuta da Michele Ferrero di una sede per l'attività creativa e ricreativa fosse una barriera contro il decadimento fisico e psicologico dell'età più avanzata, declino che trova nel Parkinson e nell'Alzheimer le sue punte più critiche».

In Fondazione, accanto ai laboratori, a un auditorium, a una galleria fotografica con la storia aziendale, a un asilo nido e a una scuola dell'infanzia, c'è una palestra attrezzata per la pre-abilitazione chirurgica. Ettore Bologna, responsabile delle attività mediche della Fondazione, spiega che i pazienti sottoposti a specifici controlli di attività motoria e fisioterapia respiratoria affrontano meglio un intervento e recuperano molto prima. Una soluzione talmente avveniristica che l'ospedale della città (che porta il nome di Michele e di suo figlio Pietro: la Ferrero ha contribuito con oltre sette milioni a finanziare l'acquisto di parte dei macchinari e delle attrezzature delle sale operatorie) ha chiesto di poter mandare anche pazienti esterni.

Si può capire il sentimento grato di quanti frequentano le sale della Fondazione e anche i paesi delle Langhe, in trentotto dei quali c'è una piazza, una fontana, una strada, un parco giochi, insomma un pezzo di paese che porta il nome di Michele Ferrero. Continua Strola: «Ogni anno entrano a far parte della Fondazione una sessantina di anziani con più di venticinque anni di attività aziendale. Ogni dipendente che raggiunge i venticinque anni di anzianità riceve un orologio d'oro. Poi, ogni cinque anni, una medaglia d'oro che, in progressione, rappresenta un sempre maggior grado di appartenenza. Nella prima medaglia, ai trent'anni, si fa riferimento agli inizi, quindi c'è raffigurato un contadino di profilo mentre lavora... ed è la semina. Sull'altra faccia della medaglia c'è la nocciola, raffigurata aperta come un fiore. La seconda, e siamo ai trentacinque anni, è la prosecuzione: il coltivatore di nocciole diventa un lavoratore dolciario e accanto al contadino compare l'operaio. Sul dritto spicca la spiga spalancata, segno dell'estate, della fioritura, dell'espansione. Infine la terza medaglia, per i quarant'anni in azienda, ritrae l'autunno come una stagione dolce in cui l'uomo che ha lavorato gode dei frutti, su un lato. Ma sull'altra faccia c'è un ragazzino che salta sul dorso di una mucca, simbolo dell'eterna giovinezza dell'uomo che mantiene vivo lo spirito».

La partecipazione alle attività della Fondazione è parte di questa eterna giovinezza: «Facciamo un esempio. Quando si organizza una mostra qui in Fondazione sono coinvolti tutti: gli anziani che fanno la sorveglianza e sanno offrire alcune nozioni fondamentali ai visitatori; tutti vivono la mostra, perché non c'è cesura tra la cultura e il resto; le sarte che studiano gli abiti del tempo della mostra e li riproducono; i cuochi che studiano le pietanze, la rivista *Filodiretto* che, nata nel 1984 come portavoce dell'Opera Sociale, è diventata poi il periodico della Fondazione, continuando ad aggiornare utilmente e con approccio chiaro, semplice e positivo su idee e attività aziendali. Insieme alle attività culturali abbiamo fatto crescere l'interazione generazionale. Ci avviamo verso un invecchiamento crescente della popolazione anziana: molti di loro sono anche nonni, molti 'guardano' i nipoti. Il Gruppo Nonni-Nipoti è un'occasione di stimolo per i nipoti e di condivisione di esperienza per il nonno, di trasmissione del suo sapere. Tutto questo è stato e continuerà a essere, dopo questa fase di emergenza sanitaria. Esiste anche la possibilità di un'interazione al contrario: il nipote nativo digitale che aiuta il nonno per collegarsi via Internet o per cercare le giuste informazioni sul computer, per esempio. O i corsi di lingua: i nostri sono diversi da quelli delle università della terza età. Si cerca di favorire la socializzazione fra le persone, lo scambio delle idee, il dialogo anche in altre lingue, perché prima dell'emergenza sanitaria si viaggiava di più e si tornerà auspicabilmente a viaggiare di più. Abbiamo portato questo modello in Germania, in Francia e in Belgio. E anche nei Paesi in cui l'Azienda è impegnata nel Progetto Imprenditoriale Michele Ferrero. Vorremmo far nascere in territori lontani in cui operiamo esperienze simili a quelle che sono cresciute qui ad Alba. Il signor Michele, per esempio, voleva veder crescere un asilo in India simile a quello di Alba. Perché in tutte le parti del mondo vale lo stesso principio: se le persone sono al centro dell'attività d'impresa, come nel caso della Ferrero, queste restituiranno quello che hanno ricevuto, ovunque esse siano».

'Ovunque' può significare anche le zone dell'Irpinia e della Basilicata colpite dal terremoto del 23 novembre 1980. Parte la costruzione di due nuovi stabilimenti della Ferrero per il Sud Italia: un investimento di ottanta miliardi di lire, con contributi statali di quarantotto miliardi. Il primo sorge a Sant'Angelo dei Lombardi, Avellino: è dedicato inizialmente alla produzione di Nutella e Duplo, cui seguiranno Tronky e Kinder Bueno. Il secondo si trova a Balvano, vicino Potenza, e confeziona un mare di merendine: in un anno, se venissero messe in fila, farebbero tre volte il giro del mondo. Le sforna attraverso un percorso di milleduecento metri in varie fasi: impasto, cottura, farcitura, taglio, operazioni che i dipendenti fanno grazie a trecento tonnellate di macchine, ottocento metri di nastri trasportatori, otto robot, quarantadue pinze, duecento motori.

Più tardi, a partire dal 2019, questa fabbrica varerà i Nutella Biscuits, biscotti di frolla con un cuore morbido formato dalla crema di nocciole e cacao più famosa al mondo, frutto di dieci anni di studi e di un equilibrio di componenti molto difficile da mantenere su scala industriale. I Nutella Biscuits saranno accolti da uno straordinario successo commerciale, a premiare il nuovo investimento di oltre centoventi milioni di euro, come precisa Alessandro d'Este, amministratore delegato di Ferrero Commerciale Italia, che ha portato (oltre ai trecentoquattrordici dipendenti fissi) anche centonovantanove nuove assunzioni nel 2020, l'anno della terribile pandemia: una formidabile boccata d'ossigeno per un borgo di milleottocento anime e un territorio affamato di lavoro.

Gianni Mercorella, attingendo al suo pozzo della memoria, ricostruisce questo esempio virtuoso nella storia industriale italiana, in particolare al Sud, in quella terra lucana da cui lui è partito per lavorare dal 1962 come analista chimico prima, poi all'Osservatorio prodotti e responsabile dell'Archivio prodotti (che custodisce le schede indicanti gli ingredienti dei prodotti, la dose ottimale, la temperatura della conservazione e perfino le ricette dei prodotti della concorrenza) e vivere poi venti anni come 'addetto alla segreteria' di Michele Ferrero. «Quella domenica 23 novembre 1980 ho visto in tv il dramma della popolazione del Sud e di Balvano. Qui il terremoto arrivò mentre nella chiesa di Santa Maria Assunta si celebrava la messa della sera. Durò un'eternità: un minuto e venti secondi. Il crollo della chiesa uccise settantasette persone, tra loro sessantasei bambini. Guardai il parroco, don Salvatore Pagliuca, scampato miracolosamente alla morte, con i capelli, il volto e la tonaca imbiancati dalla polvere e dissi a mia moglie Giancarla e a mia figlia Manuela: 'Io vado'. Vado a portare la mia testimonianza, la mia compassione, il mio cuore, un po' di aiuto. Mi sono messo in ferie, e con due amici siamo scesi giù noleggiando un pullmino. Rimasi una settimana tra quei fratelli sopravvissuti. Qui mi raggiunse telefonicamente il signor Michele che mi annunciò la triste notizia della morte della mamma Piera aggiungendo: 'Resta pure lì, la tua opera è più importante laggiù. Porta nella tua memoria mamma Piera come tu l'hai conosciuta nei momenti migliori'. Quando rientrai ad Alba, mi chiamò e mi chiese se avessi voglia di tornare giù, e con l'aiuto locale da parte del geometra potentino Nicola Tammone, per coordinare le consegne degli aiuti che potevano essere utili a quelle popolazioni. Mi disse: 'Avrei voluto essere anch'io con te. Sono rimasto colpito dalla morte, con gli adulti, di tutti quei bambini. Gianni, sento che devo portare un mio contributo forte, per i sopravvissuti e per le generazioni future'. Al momento di stabilire il luogo ideale per impiantare lo stabilimento di Balvano mi invitò a bordo di un aereo e tornammo in Basilicata. Volammo sui monti Alburni, e poi sulla collina di Balvano, San Potito, a ottocentosessanta metri sul livello del mare, fino a che lo sentii dire: 'Quello è il posto giusto per la nuova fabbrica'. L'altezza era quella media delle Langhe, l'altezza che lui indicava come ideale per la migliore lievitazione e anche per la respirazione.

Dopo quel sopralluogo, scesero in Basilicata e in Irpinia biologi e tecnici agrari, dirigenti di Alba e ingegneri del reparto Costruzioni e crearono quei due nuovi stabilimenti che costituiscono fiori all'occhiello del Gruppo».

Aggiunge Francesco Garetto: «E pensare che le malelingue dicevano al signor Ferrero che laggiù l'assenteismo sarebbe stato molto alto e quindi non conveniva investire. La manodopera meridionale, prevalentemente femminile, presa dai campi e formata in breve, si è rivelata una piacevolissima sorpresa per il rapido apprendimento e la voglia di lavorare».

Piercarlo Sibona ricorda in proposito cosa replicava lo stesso Ferrero a chi gli sconsigliava di sbarcare al Sud: «Quelle donne e uomini di Balvano e Sant'Angelo vengono dalla terra, sono coltivatori e figli di coltivatori e della civiltà contadina. È un'umanità diversa da quella delle grandi città. Hanno molti punti in comune con l'umanità delle nostre Langhe. Chi è abituato a lavorare in casa propria certamente dà il massimo anche in fabbrica. E poi i figli della civiltà contadina sono capaci di imprese memorabili: le conquiste spaziali americane e russe furono fatte grazie al contributo decisivo di mani di contadini e di figli di contadini».

Non era un'affermazione campata in aria: Valentina Tereshkova, la prima donna volata nello spazio (e che incontrai nel 1991 nella Città delle stelle, a trentadue chilometri da Mosca, intenta a stendere i panni al balcone) era figlia di genitori che lavoravano in una fattoria agricola, il padre conduceva i trattori. Dall'altra parte Rocco Petrone, direttore della NASA a capo dell'Operazione Apollo che portò l'uomo sulla Luna il 20 luglio 1969, era figlio a sua volta di Teresa e Antonio Petrone, due contadini emigrati in America dal borgo lucano di

Sasso di Castalda, guarda caso vicino a Balvano: dai Sassi di Matera ai sassi della Luna in una sola generazione.

La missione al Sud («trasformare la disperazione in speranza» la definiva Ferrero) avviene senza coinvolgimenti politici. «Ed è caratterizzata dalla tenace resistenza sul territorio, dove il signor Michele ha fatto crescere impresa, profitto e occupazione, e dove ancora oggi si continua a investire» sottolinea Bartolomeo Salomone.

24
Fresco, non freddo

Anni Ottanta-Novanta

Nel 1982 Michele Ferrero lancia sul mercato quello che è oggi il cioccolatino più venduto al mondo: il Ferrero Rocher. Per dare il nome a questa pralina (lui lo chiama «pasticcino»), avvolto da un faraonico incarto dorato e pubblicizzato con il celebre spot dell'autista Ambrogio e della nobildonna che ha voglia di qualcosa di buono, Ferrero non si affida a nessuna tempesta di cervelli. Glielo trova direttamente lui, il nome, prendendolo dal Roc de Massabielle, la grotta di Lourdes dove la Madonna appare alla pastorella Bernadette, meta di pellegrinaggi personali e aziendali. La forma sferica del pregiato cioccolatino rimanda a quella della grotta: sono i pezzetti di nocciole che ricoprono il guscio, insieme alla copertura di cioccolato al latte che avvolge la nocciola tostata, a ricordare le protuberanze della roccia.

Michele stesso è artefice della complicata macchina che produce il Rocher. Racconta Moreno Cavalli, già perito chimico in Ferrero: «Il robot era il risultato di una lunga trasformazione ottenuta con la sua tecnica preferita: il signor Michele non comprava una macchina e la usava tale e quale, ma ci aggiungeva un pezzo qua e un pezzo là fino a ottenere lo scopo desiderato. Per questo ci invitava, noi dipendenti, ad andare a guardare nelle fiere e nei mercati le macchine che venivano esposte per capire se potevamo individuare nuove componenti per la Ferrero. 'E quando qualche visitatore entra in fabbrica, non lasciatelo mai da solo davanti alle macchine, potrebbero copiarle' era la sua raccomandazione».

Le linee di montaggio ad Alba, grazie ai robot frutto della creatività del Cavalier Michele, sfornano novecento Rocher al minuto; si calcola che i consumatori ne mettano in bocca ventisei milioni al giorno. In poco tempo il mondo regala e scarta Rocher senza tregua.

Il magazine francese *60 Millions de Consommateurs* stila la classifica dei migliori cioccolatini in base al gusto popolare: il primo posto è occupato da Ferrero. Export e produzione nel mercato asiatico, in particolare, disegnano un quadro che praticamente esclude ogni concorrenza. E le cronache informano della popolarità di cui Rocher gode tra gli immigrati statunitensi provenienti dall'Europa dell'Est e dal Medio Oriente. Un bene di lusso accessibile, che viene considerato segno di buon gusto, che attira l'attenzione di contraffattori e malfattori, che si rendono protagonisti di vicende di concorrenza sleale, violazioni di brevetto, mercato nero, come riportano ormai da decenni le sentenze giudiziarie e le notizie di cronaca.

I primi anni Ottanta sono un altro periodo intenso in cui la solidità della struttura aziendale e i successi commerciali consentono di raggiungere nuovi, importanti traguardi. Grazie al suo dinamismo, la Ferrero arriva a superare per fatturato e importanza altre aziende nazionali che pure avevano una storia più antica.

Dal 1° gennaio 1981 Michele rende operativa la ristrutturazione societaria. In Italia si formano la Ferrero SpA e la Ferrero Sud SpA, che vanno ad affiancarsi alle Officine Meccaniche Specializzate (OMS), le quali dal 1976 si occupano della progettazione e della costruzione dei macchinari esclusivi degli stabilimenti aziendali.

Nel 1985 avviene una nuova riorganizzazione a livello internazionale, con la costituzione dell'Intercandy BV, con sede in Olanda, e sono create due macrostrutture organizzative, una per l'Europa e l'altra per tutte le società presenti negli altri continenti. Inoltre alcune funzioni strategiche vengono centralizzate, come la ricerca tecnica e il marketing, affidata alla Soremartec, con sede principale in Belgio; l'impiantistica, con la Ferrero Ingegneria; la pubblicità, con la Ferrero Pubbliregia.

Questo poderoso allargamento della base produttiva, che continuerà negli anni Ottanta e Novanta, comporta una progressiva e forte internazionalizzazione della produzione, comprese le fasi di progettazione e di costruzione dei beni strumentali, ma comporta anche forti investimenti in fabbricati, impianti e macchinari, in ricerca e progettazione integrata dalla macchina al prodotto finito, cui l'azienda fa fronte con l'autofinanziamento e solo poche volte ricorrendo al credito e al mercato dei capitali. Prendendo come riferimento solo gli stabilimenti italiani, gli investimenti registrano una crescita costante, passando da 3.271 milioni di lire nel 1973 a 22.531 nel 1982 per superare i cento miliardi nel 1989. In particolare, nel quinquennio 1989-93 vengono investiti complessivamente 489 miliardi di lire, dei quali 178 in impianti e macchinari.

Tutta questa complessa organizzazione richiede notevoli capacità organizzative e manageriali. Abbiamo visto che i primi manager dell'azienda sono gli stessi Ferrero:

Piera e suo figlio Michele, innovatore sia di prodotti che di processi. Accanto a loro emerge però una leva di top manager estremamente preparati e totalmente dediti all'azienda, dei quali sono simbolo, tra gli altri, Amilcare Dogliotti, Severino Chiesa, Federico Troyer, Roberto Dorigo, Enrico Bologna, Eugenio Caruso e Giandonato Nicola.

Quest'ultimo inizia a collaborare con Ferrero nel 1958 a Pozzuolo Martesana, poi viene trasferito in Germania e in Francia, infine richiamato da Michele a Pino Torinese con la funzione di responsabile centrale dell'organizzazione. La sua testimonianza è particolarmente preziosa.

«In questa posizione ho operato in stretto e costante contatto con il signor Michele, ho avuto la fortuna di esserne testimone privilegiato. Il mio compito consisteva nel definire e sviluppare gli aspetti strutturali del Gruppo, nello studio delle strategie e filosofie manageriali e inoltre nella ricerca dei dirigenti sia in Italia che negli altri Paesi europei. Ho svolto queste funzioni in campo organizzativo con continuità salvo una parentesi dal 1979 al 1985 in cui sono stato prima responsabile dell'area Nordamerica e poi il presidente dei nuovi prodotti presso la sede centrale. In fondo il signor Michele mi ha sempre reso partecipe dei princìpi della filosofia di gruppo da cui sono derivati quei fattori chiave che ne hanno costituito i punti di forza e assicurato il vantaggio competitivo su tutti i concorrenti dai nomi allora prestigiosi.

«Con l'attenzione costante sul prodotto si sono costruite le basi che hanno influenzato lo stile di lavoro e la cultura distintiva della Ferrero. Il prodotto, posto al centro del sistema, costituisce il cardine attorno al quale deve ruotare tutta l'attività aziendale: un'azienda, difatti, nella concezione del signor Michele, giustifica la sua presenza sul mercato se con i suoi prodotti riesce a soddisfare, meglio dei suoi concorrenti, i bisogni e le aspettative dei consumatori.

«Sulla base di tale concezione, il signor Michele dava ispirazione e impulso al processo di creazione del prodotto che si svolgeva attraverso quattro fasi essenziali, tendenti:

1) a scoprire le esigenze latenti del consumatore;
2) a trasformare queste esigenze in concetti di prodotto;
3) a realizzare concretamente prodotti in grado di soddisfare tali esigenze;
4) a definire infine le nuove tecnologie esclusive per la produzione industriale su larga scala.

«Come risultato finale, abbiamo avuto la realizzazione di 'prodotti mito' che hanno creato nuovi mercati, sono entrati nel costume e nello stile di vita delle famiglie. Ritengo, senza timore di esagerare, che la Ferrero, da sola, sia riuscita a realizzare un numero di 'prodotti mito' che hanno fatto epoca in numero ben superiore all'insieme delle aziende operanti, non solo nel mercato dolciario, ma in tutto il settore alimentare.

«Al processo di creazione si aggiungeva quello del marketing, basato su cinque princìpi fondamentali che il signor Michele ci trasmetteva nel contatto quasi giornaliero per centrare il consumatore, la famosa signora Valeria:

a) Il consumatore è il punto di arrivo e il giudice di tutte le nostre azioni: difendere il consumatore significa difendere il nostro lavoro.
b) Il nostro rapporto con il consumatore avviene attraverso il prodotto: la nostra azienda è forte se sono forti i nostri prodotti.

c) Se un mercato è interessante (dimensioni, tasso di sviluppo, *know-how*) dobbiamo diventarne il leader.
d) La nostra è un'azienda multinazionale, in lotta con altre potenti multinazionali: dobbiamo pensare e agire in termini di 'mercato globale'.
e) I nostri prodotti sono lanciati, gestiti, curati e difesi dagli uomini e dalle donne che lavorano in azienda: le nostre risorse umane sono un patrimonio importante almeno quanto i nostri prodotti.

«Come tutti i grandi imprenditori che hanno dato una svolta alla storia, il signor Ferrero ha saputo intuire e condizionare il futuro. Per usare una delle metafore a lui care, un buon imprenditore deve essere come un buon tiratore al piattello: centrare il bersaglio mirando non alla postazione di lancio ma più in avanti. Con una visione proiettata a lungo termine, egli aveva creato le premesse per l'incremento continuo del valore dei prodotti quale risultante di un impegno costante e determinato che comportava l'impiego di risorse, effettuazione di investimenti, sforzi incessanti che si protraevano nel tempo. I prodotti hanno così acquisito vita duratura nel tempo, incrementando progressivamente il loro potenziale con la conquista di un rilevante vantaggio competitivo sul mercato».

Alla stima dei collaboratori fanno eco le parole che Michele dedica loro nel 1990: «Noi possiamo fronteggiare queste grandi potenze finanziarie facendo leva sui nostri punti di forza da cui ricavare il margine di vantaggio che ci consente di competere con successo. Questi punti di forza, oltre che nell'unicità dei nostri prodotti, sui quali noi dobbiamo continuare a investire in studi e ricerche per assicurarci un patrimonio di risorse per il futuro, si trovano altresì e specialmente nello spirito di dedizione e di lealtà dei collaboratori».

Nei primi anni Novanta, Michele Ferrero decide di affrontare niente meno che il caldo estivo. Da tempo ha il sospetto che i suoi prodotti ne risentano, specialmente a certe latitudini, e si rende conto che il cioccolato da giugno a settembre si vende meno (il famoso 'vallo estivo' sperimentato per la prima volta in Germania), va destagionalizzato. Una sfida complicatissima, ma il suo ingegno e la sua tenacia non arretrano di fronte a nessun ostacolo, trovano sempre il modo di superarlo.

Il momento di svolta è durante una delle sue visite da 'verificatore' in un negozio. Ce lo racconta l'ambasciatore Francesco Paolo Fulci: «Facevamo le vacanze insieme e un anno siamo andati alle isole Eolie dove io avevo una casa, a Salina. A un certo punto lui mette in atto la sua caratteristica visita ai negozi locali per controllare come mettevano in evidenza i suoi prodotti. Erano tre i negozi: siamo arrivati al primo che era gestito da una bella ragazza, Jessica, e lui si avventa su una confezione di Mon Chéri con una frettolosità che insospettisce la proprietaria. Mi trovo costretto a rassicurarla, dicendole che è un ispettore della Ferrero. Michele compra la scatola e quando arriviamo a casa e la apre, scopre che il suo sospetto era fondato: il caldo aveva deteriorato il prodotto. Telefona al direttore commerciale e lo rimprovera aspramente per aver messo in vendita in una località di villeggiatura, e d'estate, scatole di Mon Chéri che potevano andare a male. 'Non c'è stata la giusta attenzione per la signora Valeria' conclude».

Da quell'episodio nasce la pagina pubblicitaria fatta ogni estate in cui si annuncia che 'Di tutti questi prodotti Ferrero abbiamo venduto zero perché sono stati ritirati dal mercato ai primi caldi per ricomparire d'autunno'.

Michele ha ben presente il concetto di 'fresco'. «Noi tutti amiamo le cose fresche perché sono più buone, più sane e più genuine. Dobbiamo riuscire a dare prodotti freschi anche ai ragazzi». È chiaro che 'fresco' vuol dire diverse cose. Innanzitutto una sensazione del palato che è gradevole, soprattutto quando fa caldo e si ha sete. Ma fresco significa anche genuino e naturale, un prodotto che mantiene i valori nutritivi delle sostanze che contiene. Inoltre fresco vuol dire senza conservanti e senza additivi chimici, cioè qualcosa che deve andare nel frigorifero come il latte; un prodotto come la natura te lo offre.

«Ai bambini piacciono i gelati. È naturale che sia così, perché a loro sono sempre piaciuti. Ma le mamme non sono tanto d'accordo, perché il freddo del gelato può far male allo stomaco. Allora cosa facciamo?» A questo problema Ferrero trova una soluzione precisa e geniale: sostituire il freddo con il fresco e unire il fresco con il nutriente. Nasce così Kinder Merenda fresca 'a base di tanto latte fresco'. Da Kinder Merenda fresca deriva Kinder Fetta al latte come prodotto nutrizionale e naturale che combina il latte e il miele. Per l'ennesima volta, un prodotto che mira a mettere d'accordo genitori e figli.

Da allora si apre la frontiera dei semifreddi. Questi prodotti costituiscono il matrimonio perfetto fra i colori della nutrizionalità e della naturalità e i valori della bontà e del gusto, arricchiti dalla sensazione palatale di fresco. In attesa di entrare nel mercato dei gelati confezionati con l'iconico Rocher e il ghiacciolo Estathé.

In contemporanea con lo sviluppo dei prodotti da frigo, e per rispondere a una concorrenza sempre più agguerrita, in quegli anni vengono poste le basi per la costruzione di Kinder quale è oggi in Italia.

Occorre un'iniziativa vincente che sappia valorizzare la bontà di Kinder.

Lo spunto viene offerto a Michele da Italia '90, il campionato mondiale di calcio. L'idea-soluzione è quella di abbinare i prodotti agli atleti delle varie nazionali che siano anche giocatori nei club italiani. Nasce così il concorso *Vinci campione*, i cui testimoni sono campioni come Antonio Cabrini, Lothar Matthäus, Gianluca Vialli, Stefano Tacconi, Ruud Gullit. I regali abbinati alla promozione vanno dal pallone firmato ai gagliardetti, dalla tuta alle magliette da calcio. Il successo è notevole, tanto che quattro anni dopo l'operazione viene ripetuta in occasione dei Mondiali americani.

A proposito di calcio, Michele si sottrae elegantemente alle richieste di diventare il patron della squadra di calcio per la quale simpatizza, il Torino. «A nulla è valso un tentativo anche del giornalista Massimo Gramellini che incontrò a questo scopo il dottor Pietro. Il figlio di Michele lo ringraziò ma spiegò che le strategie di marketing del Gruppo non prevedevano di investire risorse su team locali, ma piuttosto sulle rappresentative nazionali o sui grandi eventi sportivi internazionali» ricorda Bartolomeo Salomone.

Un atteggiamento che Michele Ferrero tiene anche nei rapporti con la politica. All'invito di Silvio Berlusconi di essere ospite con i potenti della Terra nel vertice dei G7 di Napoli nel 1994, risponde: «Lascia perdere, poi magari ci facciamo una cena con le nostre famiglie».

25
Un nuovo miracolo

Anni Novanta

L'attività vulcanica del patriarca della Nutella comporta l'essere connesso all'azienda ventiquattro ore su ventiquattro. Ferrero porta il lavoro con sé a casa: ad Altavilla, sulle colline di Alba, o sull'amata Riviera di Ponente, un legame classico da piemontese doc.

Il primo appartamento al mare, negli anni Sessanta, se l'è comprato a Ospedaletti, all'epoca astro nascente del turismo. Quando poi inizia a frequentare la Costa Azzurra, il buen retiro di Cap Ferrat, decide di destinare gli alloggi di Ospedaletti e quello successivo a Bordighera a ospitare le vacanze al mare dei dipendenti che ne fanno richiesta.

Anche in vacanza esercita le sue funzioni di verificatore: a Vallecrosia, in Liguria, in molti ricordano di averlo visto arrivare con l'autista al supermercato Conad per vedere l'ultima generazione di espositori e l'impatto sulla gente degli ultimi nati della produzione, come il ghiacciolo al sapore di Estathé o le vaschettine di gelato digestivo. Arriva sempre di prima mattina, subito dopo l'apertura, parla con le donne che fanno la spesa, le Valerie che decidono, e poi si sofferma con le cassiere. Bastone, cappello e camminata elegante, saluta e sfila via con un sorriso, come un'ombra gentile.

Fa lo stesso anche negli autogrill. Racconta Borgogno: «Una domenica mi squilla il telefono, è lui, Michele: 'Scusami se ti disturbo, poi passami tua moglie che la saluto. Mi è capitato di fermarmi in un autogrill e ho comprato un Ferrero Rocher. La nocciola era proprio un disastro. Vorrei capire com'è venuto fuori questo tarocco, chiama il direttore di stabilimento e traccia quel gruppo di prodotto'». Risultò che la nocciola in questione era in verità di buona qualità, ma evidentemente non abbastanza per gli standard qualitativi e il palato del signor Michele!

A proposito di viaggi, un racconto significativo di come Michele Ferrero li intenda arriva da Francesco Garetto, curatore del progetto Balvano e di Ferrero in Africa: «Un giorno abbiamo trascorso una vacanza in Senegal. Siamo stati lì con il signor Michele, nessuna accoglienza ufficiale... Insomma, la nostra vacanza è stata visitare tutti i negozi e negozietti, assaggiare le specialità locali, capire che cosa mangiavano. Turismo? Zero, abbiamo fatto solo un bagno, poi visitati i mercati e conosciute le feste del posto. Questi erano gli obiettivi, le feste, lui cercava di capire come viveva questa gente: le famiglie, la scuola, le feste».

Ama frequentare anche qualche ristorante di Sanremo e rimprovera educatamente qualche sindaco perché non si adopera per rendere operativa l'elisuperficie di Pian di Poma. Perché lui, quando da Alba deve spostarsi in elicottero, non avrebbe disdegnato una base alternativa a Montecarlo per permettergli di ottimizzare le trasferte.

La sua giornata tipo prevede la sveglia alle sette, la colazione e la lettura dei giornali (*La Stampa*, il *Corriere della*

Sera e *La Gazzetta dello Sport*, i principali); alle otto e quindici puntuali l'autista lo porta in ufficio. All'una il rientro a casa per un pranzo essenziale, quindi, poco dopo le due e mezza, il ritorno in ufficio, fino alle otto di sera. Dopo cena, un po' di televisione, qualche programma di attualità politica, oppure gli eventi sportivi (pugilato e atletica leggera, con i suoi eroi Mike Tyson, Franco Arese e Livio Berruti). Passate le dieci di sera, una passeggiata d'estate all'aperto e d'inverno in casa per un'ora circa per quelle che chiamava 'camminate riflessive'.

Con qualche singolare contrattempo. Uno lo racconta l'autista Serafino Bindello: «Il signor Michele aveva una bussola ideale segnata dalla lettera C: Casa, Chiesa, Chimica, cui aggiungeva la Camminata serale, un suo rito indipendentemente dal luogo in cui si trovava. Io lo accompagnavo in queste passeggiate riflessive al chiaro di luna: era anche l'occasione per farmi assaggiare, come tester aggiuntivo, nuovi prodotti. Durante una di queste passeggiate nelle Langhe, a sera inoltrata, fummo fermati da una pattuglia di carabinieri insospettiti dal passaggio di due uomini sui sentieri della collina. Ovviamente il signor Michele si è presentato e, dopo un momento di imbarazzo, i due carabinieri ci hanno fatto proseguire».

Nell'abitazione di Montecarlo, dove nel 1997 si ritirerà lasciando il timone dell'azienda in mano ai figli, si fa costruire un laboratorio dotato di tecnologie all'avanguardia, dove, aiutato da personale specializzato, continuerà a sperimentare ricette.

Gli anni Novanta – lo abbiamo già brevemente anticipato – sono ricordati anche per una prova severa alla quale Alba e la Ferrero sono sottoposti.

Primi di novembre 1994, piove da qualche giorno ma

la situazione non sembra troppo preoccupante. Invece, preannunciata dall'ululato della sirena della Ferrero, lo diventa alle cinque e mezza del pomeriggio di sabato 5, quando il Talloria – ancora lui! – ingrossato da mille rigagnoli, non riesce più a riversare le sue acque nel Tanaro, ormai in piena, e così allaga il territorio di Alba giungendo, un'ora dopo, alla fabbrica. In venti minuti i duecentosettantamila metri quadrati degli stabilimenti di via Vivaro sono sommersi da acqua e melma fino a quasi due metri di altezza. I centocinquanta presenti dei tremilaottocento tra operai, tecnici e impiegati, si salvano in tempo salendo ai piani superiori.

Nell'intera regione si contano settanta vittime, oltre cinquecento feriti e più di duemila sfollati.

La Ferrero subisce ingenti danni. Ai capi dello Stato e del governo Oscar Luigi Scalfaro e Silvio Berlusconi, che arrivano ad Alba a portare la solidarietà dell'Italia tutta, Michele confida che i danni potrebbero superare i cento miliardi. Tutti i macchinari, i magazzini e gli uffici sono sommersi, i computer accatastati, le tonnellate di cacao, i sacchi di nocciole e tutti i prodotti che servono per la pasticceria impastati con il fango. Tra una pozzanghera e l'altra spuntano le Ranoplà, le Tartallegre, i Coccodritti e i Leoventuras, le sorprese degli ovetti di cioccolata.

La produzione è costretta a fermarsi per giorni ma dirigenti e dipendenti arrivano per dare man forte ai soccorsi. Arrivano anche quelli che hanno le case in parte distrutte, i più senza che nessuno li abbia chiamati o sollecitati, forti unicamente della convinzione di quello che è giusto e doveroso fare nella ferma convinzione che al di là della barriera di acqua e fango non ci sia solo la conquista preziosa del lavoro, la sicurezza, il benessere per sé e le loro famiglie, ma qualcosa di più profondo.

Chi si offre di aiutare riceve un kit di stivali, giacca e mantellina impermeabili, imbraccia i badili e lavora accanto ai manager e alla famiglia Ferrero, ai ragazzi della Brigata Alpina Cadore, agli allievi della Guardia di Finanza, al nucleo di marinai e di fornitori. Pale, carriole, camion. C'è chi dalla casa di campagna porta un trattorino con cui lavare le macchine, chi le fotoelettriche che permettono di lavorare di notte.

Ognuno sa quel che deve fare e il fiato è prezioso. Non c'è spazio nemmeno per il cronista del Tg che vorrebbe intervistare due operai. Si sente rispondere: «Dobbiamo tornare a spalare, non abbiamo tempo per fare interviste». Solo Luigi Revello, carrellista, corso in fabbrica senza che nessuno l'abbia chiamato, spiega ai cronisti: «È una faccenda di reciproco rispetto. La Ferrero l'ha sempre dimostrato nei miei confronti, io lo dimostro a lei».

Ricorda l'ingegner Vincenzo Sibilla: «Sentii il signor Michele lamentarsi: se avesse avuto il sentore che il Tanaro sarebbe fuoriuscito avrebbe certamente dato indicazioni ai dipendenti di spegnere le macchine e di tornare a casa. Il giorno dopo l'alluvione, al capo del commerciale chiesi di fare un giro e lui vedendo quello spettacolo desolato diagnosticò: 'Mi sa che ci vorranno quattro o cinque mesi per ripartire'. Bastarono due settimane invece».

Un'altra testimonianza la offre Giuseppe Giachino: «Quel giorno io, che abitavo in un paesino più in alto di Alba, a Sommariva, non avevo immaginato il disastro provocato dalle acque. Arrivato in fabbrica il lunedì mattina, alle nove e trenta, fui dotato di un paio di stivali e il ragionier Sansoldo mi indicò di raggiungere il signor Ferrero in sala Chimica. Sono entrato e lui mi ha detto: 'Ciao Giuseppino, hai visto cos'è successo?' Poi mi ha chiesto: 'A casa tua tutto bene?' Capisce? Nonostante il disastro in fabbrica lui si interessava alla sorte dei suoi dipendenti, chiedeva a tutti 'Come stai?', e non era un modo di dire, lui si interessava, ci teneva proprio, faceva parte del suo carisma».

È un evento che rafforza ancora di più il legame tra la famiglia e i suoi collaboratori, tra l'azienda e il territorio dove è nata e cresciuta.

Ricorda Marco Serra, presidente delle categorie delle praline: «La ripresa ebbe del miracoloso, già ventiquattro ore dopo, il lunedì, Michele convocò la riunione ristretta dei dirigenti nella sala Chimica. Lo stabilimento era ancora senza luce. All'ordine del giorno della riunione: i nuovi prodotti. Si disse sicuro che il popolo Ferrero che lui aveva creato sarebbe riuscito a risolvere tutto in poco tempo, e che era ora di parlare di futuro».

Dopo soli quindici giorni dal disastro, la fabbrica riprende l'attività e l'azienda riesce a rispettare gli impegni presi con i clienti. Per Natale e le feste di fine anno, i prodotti sono a disposizione della clientela. Decisivo l'intervento in prima persona della famiglia Ferrero. Racconta Pier Carlo Sibona: «In cinquantacinque anni di lavoro ho fatto appena quattro mesi di malattia e la notte dell'alluvione sono stato là fino alle tre di notte, ma alle otto del mattino ero già di nuovo al lavoro anche se con le lacrime agli occhi. Quel giorno mi sono rivolto al dottor Pietro, il trentunenne primogenito di Michele e Maria Franca, che con il fratello Giovanni si occupava già delle problematiche aziendali. Gli ho segnalato il clima di depressione dei lavoratori: 'C'è bisogno che qualcuno di voi della famiglia li conforti'. Pietro mi ha consigliato di accompagnarlo dal padre. Siamo saliti in Chimica, c'era una riunione in corso con alcuni dirigenti, il padre ha riconosciuto la bontà dell'idea e ha concluso: 'Pietro, parla tu ai dipendenti'. Allora abbiamo recuperato un camioncino nel cortile, Pietro ci è salito sopra e l'11 novembre, giornata di lutto nazionale, ha rivolto parole commosse ed energizzanti ai lavoratori nel piazzale».

Le parole sono queste: «Ho voluto incontrarmi con voi per pochi minuti per ringraziarvi dello sforzo e dell'impegno straordinario con cui, sin dal primo momento, spontaneamente e con grande volontà, avete cominciato a operare per ricostruire il nostro stabilimento di Alba. In questa città, in questa fabbrica è nata la nostra azienda e qui dovrà continuare a crescere. E il legame affettivo che lega me e la mia famiglia ad Alba risulta, se è possibile, ancora rafforzato dalla splendida risposta che tutti voi avete fornito in questi giorni. Mi solleva profondamente il fatto che nella nostra azienda non ci siano state, in queste tremende giornate, conseguenze fisiche per le persone, anche se non posso dimenticare, come tutti voi, in questa giornata di lutto nazionale, le vittime di Alba causate dalla terribile alluvione di sabato. Dedicheremo anche a loro lo sforzo di ricostruzione che anima la nostra azienda e tutta Alba in questo momento. Sapete voi meglio di me in quale situazione si trovino le nostre linee, le macchine, gli impianti e gli uffici della nostra fabbrica. Il danno che abbiamo subìto è enorme e ancora oggi è difficile da quantificare. A questo dobbiamo aggiungere gli ulteriori danni che deriveranno dal mancato rifornimento dei punti vendita, fatto particolarmente grave in questo periodo di punta di lavoro per noi. Già sappiamo che con l'aiuto che ci sarà fornito dagli altri stabilimenti, e soprattutto con lo sforzo che state compiendo voi, cercheremo di non compromettere la campagna natalizia. In questi anni, in tutti questi anni, come sapete, abbiamo sempre cercato di reagire al mercato della concorrenza solo con i nostri mezzi. Può darsi che in questa occasione, per il tremendo colpo che abbiamo subìto, saremo costretti a chiedere un aiuto agli organi competenti. Questo aiuto, se ci sarà fornito, lo dovremo considerare nient'altro che un contributo iniziale e temporaneo alla ricostruzione che già abbiamo avviato. Tutto questo deve servirci da sprone a moltiplicare, se ancora possibile, gli sforzi per riprendere, nel più breve tempo, la normale attività per il nostro stabilimento di Alba. Stamattina, leggendo su *La Stampa* un articolo che ci riguarda, sono stato colpito da un concetto che sicuramente era già presente ma che oggi, dopo quello che è successo, acquista ancora un maggior valore: il rispetto reciproco. Dice un nostro dipendente che il rapporto che lega la Ferrero ai suoi uomini è il rispetto che ci lega reciprocamente. Non lo dice e non lo sente solo lui, lo dico e lo sento anch'io, lo dice e lo vuole dimostrare l'azienda. Sarà nel segno di questo reciproco rispetto di stima e di gente che ha subìto forti danni e forti emozioni, ma che ha un carattere e uno spirito più forte di tutto il resto, che riusciremo insieme a superare questo momento difficilissimo e a ricostruire, in fretta, una Ferrero migliore di prima. Ad Alba».

Quell'evento rimarrà impresso anche nella memoria del secondogenito, l'allora trentenne Giovanni Ferrero: «Un ricordo, forse quello più forte che ho di quel giorno, è di mio padre che, profondamente commosso, non ascoltava le voci dello scoraggiamento ma diceva: 'La rifaremo più grande, la rifaremo più grande'. Ce l'abbiamo fatta perché in quei giorni nessuno si tirò indietro, nessuno fece calcoli, nessuno mise i piedi all'asciutto, nessuno si risparmiò».

Qualche giorno dopo il 'discorso dal camioncino' del figlio, anche Michele sente il bisogno di parlare. Torna a scrivere ai suoi per ringraziarli, per incitarli, per rialzarsi tutti insieme più forti di prima.

Cari collaboratori della Ferrero Italia, nella nottata dal 5 al 6 novembre la furia scatenata degli elementi si è abbattuta sulla nostra città e sul nostro stabilimento di Alba portando con sé distruzione e rovina.

Lo spettacolo che si presentava ai nostri occhi era agghiacciante: il nostro caro stabilimento, la culla della Ferrero, il simbolo della generosità, della lealtà e della dedizione di generazioni di lavoratori appariva un ammasso di macerie immerse nel fango che aveva invaso uffici e reparti rovinando impianti e macchinari.

E particolarmente angosciante era la visione della massa dei nostri prodotti trascinati dalle acque e galleggianti nella melma: poche ore prima quegli stessi prodotti erano usciti dalle linee di produzione, ove erano stati oggetto della cura e dell'affetto degli operai nel loro desiderio e nel loro impegno di consegnarli perfetti ai nostri consumatori per allietare il loro Natale.

È stato un destino crudele che si è accanito contro di noi, portando sgomento e disperazione. La visione di tanta devastazione, che annullava decenni di sacrifici, di impegno e di dedizione, suscitava un senso di smarrimento profondo e la sensazione angosciante di una perdita irreparabile.

Ma è stato proprio in quel momento, nel momento della più profonda desolazione, che ho sentito intorno a me emergere quel vecchio 'cuore' Ferrero che da sempre in passato nei momenti più difficili si era espresso in tutta la sua grandezza e dignità.

Ho sentito intorno a me l'affettuosa e unanime solidarietà e partecipazione di tutti i Collaboratori del Gruppo: parti-

colarmente, ho sentito il Vostro impulso, cari Collaboratori della Ferrero Italia, la Vostra rabbiosa determinazione a non arrenderVi di fronte all'avverso destino. Voi, lasciando le Vostre case, con slancio commovente vi siete immediatamente immersi nel lavoro sotto la pioggia scrosciante e in mezzo al fango, affrontando disagi e fatiche incredibili per portare il Vostro contributo al fine di attenuare le conseguenze del disastro e accelerare il ripristino della produzione.

È stato un momento tremendo e nello stesso tempo entusiasmante: mi tornavano alla memoria i momenti altrettanto drammatici dell'alluvione del 1948; nella mia memoria fluivano le immagini di quei primi operai che senza indugio si erano buttati nel fango a lavorare, a ripulire, per rivedere la loro fabbrica e riprendere l'attività.

Le stesse immagini erano lì, nella nuova realtà: si respirava lo stesso spirito di rivincita, la stessa determinata volontà. Immagini memorabili che hanno suscitato ovunque commozione e ammirazione, che hanno dato a me e alla mia famiglia il conforto e la forza morale di affrontare queste avversità e di impegnare tutte le energie per assicurare la ripresa.

E la ripresa è avvenuta e ha del miracoloso: dalle macerie di qualche giorno prima in cui regnava l'atmosfera della desolazione che induceva allo sconforto, quasi d'incanto è rinata la vita operativa: il lavoro è ripreso in quasi tutti i reparti e i nostri prodotti hanno ricominciato a fluire verso i mercati.

È stato questo il miracolo della volontà, della fede, della solidarietà e della coesione di intenti: valori che sono sempre stati patrimonio morale del gruppo e che si sono tramandati di generazione in generazione.

I danni subiti sono certo stati enormi e non saranno facilmente assorbibili, ma la grande dimostrazione data da tutti Voi ha confermato la certezza di poter sempre fare affidamento su quei valori e guardare con fiducia al nostro futuro.

A Voi l'ammirazione e l'immensa gratitudine da parte mia, della mia famiglia e di tutto il Gruppo.

Il Cavaliere del Lavoro non lo dice perché non è nel suo stile, ma nel frattempo ha anche attivato un Fondo di solidarietà per i dipendenti colpiti dall'alluvione, iniziativa umanitaria che, grazie a un versamento iniziale di due miliardi, esprime la concreta gratitudine della famiglia Ferrero per l'ammirevole dimostrazione di attaccamento manifestata da tutti i dipendenti per accelerare la ripresa delle attività.

Sui giornali appare un annuncio rassicurante voluto da Michele Ferrero: 'Il nostro stabilimento di Alba è ripartito. È ripartito con il contributo straordinario di tanti: istituzioni e persone. L'obiettivo è stato comune: aiutarci a tornare presto, a tornare subito, con la qualità di sempre. A tutti dobbiamo un grande ringraziamento: alle nostre lavoratrici e lavoratori, prima d'ogni altro, ai nostri fornitori, ai nostri clienti. E ora, eccoci, puntuali per Natale con le nostre praline, Rocher, Mon Chéri, Pocket Coffee. Puntuali per regalare un sorriso, un momento di festa, un attimo di dolcezza: se possibile ancora maggiori. Da sempre, dietro la qualità che ci ha reso famosi, c'è l'impegno di migliaia di persone. Questa volta, credeteci, queste persone hanno fatto miracoli'.

A ripristino ultimato, nel maggio 1995, Michele scriverà una lettera di rassicurazione per il futuro messo a rischio da questa seconda alluvione:

Carissimi collaboratori, sono passati sei mesi dalla terribile notte del 5 novembre 1994 e ancora non mi stancherò di dirVi grazie. Grazie per tutto quello che avete fatto allora, di cui dovete andare orgogliosi, perché siete stati additati ad esempio da tutto il mondo; grazie per aver fatto risorgere dal cumulo spaventoso di detriti e fango la nostra amatissima fabbrica di Alba. Con gente solidale e capace come Voi, i miracoli si avverano ancora! La disperazione di quei tragici momenti di distruzione e di rovina lascia ora il posto a sentimenti di fiducia e di speranza per il futuro…

La Società sta attualmente esaminando una serie di proposte per opere di ingegneria che consentano in modo definitivo di evitare per l'avvenire il ripetersi di simili situazioni. Saranno lavori lunghi e costosi, ma la sicurezza personale Vostra e del Vostro posto di lavoro richiedono priorità assoluta e noi intendiamo affrontare il problema senza indugi, con l'ausilio delle più moderne tecniche di protezione.

Con l'impegno di operare per il bene del nostro prezioso stabilimento, verso il quale avete dimostrato un così alto attaccamento e rispetto, rinnovo ancora a tutti l'ammirazione e la gratitudine mia, della mia famiglia e delle Società del Gruppo Ferrero.

26
Creare valore

Anni Novanta

Nel 1997, Michele Ferrero indirizza un messaggio agli anziani dell'azienda.

> *Cari Anziani, Vi porgo l'invito a dare tutto il Vostro appoggio a Pietro e Giovanni con quella lealtà e quell'attaccamento all'Azienda che vi sono propri affinché i loro sforzi creino le condizioni di base per lo sviluppo e per dare garanzia di stabilità alle migliaia e migliaia di famiglie che dal lavoro delle nostre Aziende traggono il loro sostentamento.*

Con questa investitura, la terza generazione dei Ferrero fa il suo ingresso ufficiale ai vertici aziendali. Dal 6 giugno Michele cede la guida operativa ai figli Pietro e Giovanni che diventano entrambi CEO (Chief Executive Officer). Dopo le brillanti lauree – Pietro in Biologia a Torino, Giovanni in marketing al Lebanon Valley College in Pennsylvania, Stati Uniti – hanno già dimostrato di possedere le attitudini che sono state del nonno e dello zio, di cui portano i nomi. Pietro si occupa dei nuovi prodotti, che non smettono di moltiplicarsi. Giovanni ha una vocazione più spiccatamente rivolta all'aspetto commerciale e internazionale.

Michele accompagna il passaggio di consegne con queste parole: 'Un vivissimo augurio ai miei figli i quali, a causa delle importanti e pressanti responsabilità che già da tempo competono loro, hanno dimostrato di essere ben determinati a continuare la tradizione familiare anche nel contesto delle veloci trasformazioni sociali ed economiche in atto nel mondo'. E non manca di sottolineare il tema dell'eredità, non solo sua ma generazionale: 'I giovani che hanno oggi trovato nell'Azienda l'opportunità di lavoro nonché di realizzazione delle loro aspirazioni (mentre in tutto il mondo il flagello della disoccupazione, specie giovanile, angoscia chi si trova emarginato nella vita produttiva) devono rivolgere a Voi Anziani il loro riconoscente pensiero e trarre dal Vostro esempio quegli stimoli e quelle motivazioni che danno un senso nobile all'esistenza'.

Il trasferimento strategico non significa una riduzione della presenza del signor Michele. Il suo coinvolgimento rimane costante e concreto, specialmente nel confermare i valori e lo spirito che devono continuare ad animare la Ferrero. Ce ne rendiamo conto leggendo, ad esempio, una lettera che scrive il 20 maggio 1997 ad Attilio Seghesio, mandato nella nuova filiale in Brasile con l'incarico di controllore della qualità.

'Carissimo signor Seghesio, io anche se con ritardo dovuto ai miei numerosi impegni e spostamenti, desidero ringraziarla di cuore per i suoi auguri che mi sono giunti molto graditi... In particolare ho apprezzato le espressioni contenute nella sua lettera: espressioni racchiudenti la sua volontà determinata di offrire un contributo sostanziale per la costruzione della nuova Brasiliana. In queste sue parole è emerso quello spirito di serietà e di attaccamento ai valori della nostra azienda, che Lei ha ben recepito e ha fatto propri trasferendoli nel nuovo contesto. Anche per questo Le esterno la mia viva gratitudine e il mio augurio che in questo suo importante mandato Lei possa trarre quelle soddisfazioni professionali che ha dimostrato di ben meritare. Anche a nome di mia moglie le porgo i più cordiali saluti'.

Michele Ferrero divide gli imprenditori in due categorie: i missionari e i mercenari. I primi, spiega Arduino Borgogno, sono caratterizzati dal forte e prioritario amore per il prodotto-impresa e per l'uomo prima della fabbrica («amate quello che fate, fatelo crescere e siate generosi e solidali verso chi vi aiuta a farlo crescere, non fatelo per il business e basta»). In questa ottica diffidente verso il rapace neoliberismo economico s'inquadra la generosità che lo caratterizza nei confronti dei dipendenti: una generosità di piccoli gesti quotidiani («un giorno indossava uno dei suoi cappotti più belli e un operaio gli ha fatto un complimento. Lui se lo è tolto e glielo ha regalato» ricorda Francesco Paolo Fulci) ma che può arrivare, come racconta il legale Giulio Coppi, fino a ipotizzare persino la cessione di quote dell'azienda: «Un giorno il signor Michele mi chiama e mi chiede di studiare una soluzione per dare qualcosa in più ai dipendenti con maggiore anzianità, dai venticinque anni in su, per far loro sentire la sua gratitudine per quanto avevano fatto e facevano per il gruppo. Mi precisò: 'Voglio dare un'azione dell'azienda per ogni dipendente'. All'epoca i potenziali beneficiari erano più di quattromila. Mi impegnai a studiare l'operazione che si rivelò complessa e non percorribile per via dell'architettura finanziaria, tutta famigliare. E quindi con grande dispiacere del signor Ferrero, che quando si metteva un'idea in testa difficilmente vi rinunciava, gli spiegai che era impossibile procedere se non mettendo a rischio tutta la costruzione societaria. Non se ne fece niente, Michele accantonò il suo proposito con molto dolore».

Se a quel progetto deve rinunciare, molti altri ne nascono. Uno su tutti, il Progetto Imprenditoriale Michele Ferrero.

Sul tavolo del dirigente Arduino Borgogno, in quegli anni responsabile per l'acquisto di cacao e materie prime, c'è una foto con una telegrafica didascalia: *Africa, 1990.* Con lui è ritratto Michele che passeggia con il figlio Giovanni per le vie di Abidjan, città sulla costa atlantica, capitale economica e culturale della Costa d'Avorio. «Quella sera eravamo usciti a fare due passi. Ci circondò un nugolo di bambini, chiedevano qualcosa. Tirai fuori degli spiccioli dal mio portafoglio e detti loro quelle scarse monete. Il signor Michele mi riprese: 'Vedi? Sei un uomo di cuore, hai fatto bene. Questa è gente semplice e modesta. Ma se a questi ragazzi non diamo anche istruzione e lavoro, se non li aiutiamo anche così, la situazione si farà ancora più grave'. Questo profetico concetto l'ha espresso trent'anni fa, il signor Michele vedeva lontano! Nacque allora l'impegno di costruire una fabbrica in Africa. In quel viaggio riconosco il seme che ha fatto fiorire la prima delle iniziative in Africa e in India.

Sui pensieri che animano l'imprenditore Ferrero ci è di aiuto la testimonianza di Giandonato Nicola: «Con questa iniziativa, partita come Imprese sociali e poi ribattezzata Progetto Imprenditoriale Michele Ferrero, il signor Michele e la sua famiglia hanno voluto estendere il loro impegno e l'alto senso di responsabilità sociale per migliorare le condizioni di vita e di sviluppo di popolazioni in aree meno favorite del pianeta. Però attenzione: dentro questo progetto c'è inizialmente la parola Impresa, cioè alla base ci deve essere uno spirito e una concezione tipicamente imprenditoriale, indirizzata a ottenere risultati positivi di bilancio da cui si ricaveranno le risorse economiche per proseguire in maniera sempre crescente la propria missione».

Impostazione confermata da Bartolomeo Salomone: «La particolarità è che tutte le iniziative nei Paesi in via di sviluppo, sin dall'inizio, sono state pensate non come una forma di assistenzialismo ma come un vero aiuto alla crescita e allo sviluppo di quelle aree e dei loro abitanti. La missione delle iniziative varate e programmate in futuro dal Gruppo si sviluppa secondo queste direttrici: lavoro, salute e crescita educativa. Offrire lavoro significa affrancare dalla povertà, ma anche costruire mentalità, proporre opportunità. L'idea ottimistica era che, prima o poi, il bilancio potesse andare in pareggio. È chiaro che all'inizio fu un dono, ma oggi ci sono oltre tremila persone che lavorano in questi stabilimenti di Paesi lontani dove si realizzano specifici prodotti della linea Kinder. La spirale virtuosa prevede di costituire un fondo sociale, legato in una percentuale, non al profitto, ma a quanto viene prodotto. Lo scopo è far passare il concetto di impegno e di meritocrazia ma, al tempo stesso, di aiutare comunque in una logica che però (e qui sta la sfida imprenditoriale) non può essere distaccata dai numeri. Le risorse del fondo sono a loro volta impiegate in costruzione di ciò che serve, dalle scuole ai punti di assistenza sanitaria».

Questo progetto Michele Ferrero non riuscirà a vederlo completamente realizzato, ma tutto il resto rispecchia le sue idee e volontà.

Esiste un testo dettagliato con le sue istruzioni affidate ai collaboratori:

a) *Voglio che siano creati posti di lavoro nelle aree meno favorite del pianeta.*
Le imprese sociali, oltre a offrire la possibilità di ottenere un reddito che consenta di affrontare il costo della vita per sé e la propria famiglia, danno a chi lavora il senso della dignità e soprattutto la consapevolezza di divenire protagonista del proprio destino; assicurano la formazione professionale e la capacità lavorativa; creano la cultura del lavoro, fonte di progresso e di evoluzione civile. Inoltre con gli insediamenti produttivi si favoriscono le attività indotte: sia a livello industriale, attraverso l'acquisto presso imprese locali di semilavorati, materiale di imballo nonché di attrezzature di supporto ai processi produttivi, sia a livello agricolo impiegando per la produzione preferibilmente materie prime coltivate nel territorio. Ne deriva quindi un sostegno allo sviluppo economico del paese e creazione di ulteriori posti di lavoro. Viene così a innescarsi una spirale virtuosa verso il benessere per tutta la comunità locale.

b) *La missione delle iniziative del Gruppo estende il suo raggio d'azione verso una seconda direttrice con finalità esclusivamente filantropiche attraverso la realizzazione di opere sociali, in primo luogo indirizzate alla tutela della salute e alla crescita educativa dei bambini e dei ragazzi. Queste opere si realizzano mediante specifici progetti destinati a far fronte alle loro fondamentali esigenze. In tal modo le nostre iniziative trovano specificatamente nei bambini e nei ragazzi il fine che le ispira operando sotto l'insegna United Kinder of the World.*

Per raggiungere concretamente questo obiettivo viene costituita presso ognuno dei luoghi dove le iniziative Ferrero sono oggi operanti una fondazione Ferrero locale la quale svolgerà il suo mandato in concerto con le istituzioni governative. Ogni fondazione locale è finanziata dal rispettivo progetto.
Con l'evoluzione e la crescita dell'iniziativa, che comporta l'aumento della produzione, deriva la disponibilità di sempre maggiori risorse economiche da destinarsi al sostegno delle attività della Fondazione, la quale vedrà quindi progressivamente ampliato il suo raggio di azione.
La Fondazione Ferrero di Alba, che nel corso degli anni ha acquisito una profonda esperienza nel gestire le attività di carattere filantropico sociale, fornisce un indirizzo sostanziale per assicurare la validità dell'impiego delle risorse nei paesi dove operano le imprese.

Come primi passi verso il Progetto Imprenditoriale Michele Ferrero sono stati finanziati progetti come *Love Matters*, incontri settimanali dedicati ai giovani sulla prevenzione dell'AIDS (in Sudafrica) o il sostegno a un centro di accoglienza rivolto ai bambini abbandonati per dare loro un'educazione professionale (in India).

Attorno a questi nuclei si sono poi sviluppate le attività della Ferrero, sia nella dimensione imprenditoriale sia in quella sociale, due ambiti sempre congiunti. In Sudafrica, nell'agosto del 2006 sono iniziate le prime produzioni. Nel 2009 è stato quindi avviato lo stabilimento di Walkerville, nella municipalità del Midvaal (una trentina di chilometri a sud di Johannesburg), con personale a stragrande maggioranza locale (meno del due per cento è costituito da espatriati) e per oltre il settanta per cento femminile (dati al 2018). Qui la Ferrero ha promosso, in stretta collaborazione con le autorità locali, la ristrutturazione di un edificio scolastico all'interno del programma governativo '94+94 scuole', tante quanti erano nel 2012 gli anni di Nelson Mandela.

«I bambini e l'educazione sono stati il primo amore di Mandela» ha ricordato in quell'occasione il ministro dell'Educazione del Sudafrica Angie Motshekga. Il 12 luglio 2012, qualche giorno prima dell'inaugurazione della scuola primaria e secondaria di primo grado 'Japie Greyling' (Dalkeside/Midvaal) integralmente rinnovata, Louis Taylor, responsabile nazionale del ministero dell'Educazione scriveva: 'Quando gli italiani fanno qualcosa, fanno semplicemente il meglio. Quando confezionano un vestito, è Armani. Quando costruiscono un'automobile, è una Ferrari. Quando fanno il cioccolato, è Ferrero. Grazie tantissimo di aver dato a questi bambini e agli insegnanti un luogo dove poter apprendere e insegnare con dignità. Grazie dal profondo del mio cuore!'.

Un intervento di ristrutturazione e miglioramento nell'ambito delle infrastrutture scolastiche, ha riguardato, nel 2019, il centro sportivo di una altra scuola primaria e secondaria nei pressi di Walkerville, la 'Laerskool De Deur'. Su un diverso fronte, ma sempre cogliendo una domanda della comunità, tra il 2017 e il 2018 presso lo stabilimento Ferrero è stata completata la costruzione di un ambulatorio medico di base (Primary Health Care), a disposizione dei collaboratori di Ferrero Sudafrica e delle loro famiglie per l'erogazione gratuita di servizi medici ambulatoriali essenziali.

Nell'agosto del 2007 Ferrero apre il primo centro produttivo in India e nell'ottobre del 2011 inaugura lo stabilimento di Baramati, a centodieci chilometri da Pune, nello stato del Maharashtra. Il personale che vi lavora è per il novantanove per cento locale. L'attività produttiva, comune a tutte le imprese del Progetto Imprenditoriale Michele Ferrero, è volta principalmente alla creazione di prodotti della Linea Kinder (in particolare Kinder Joy). A Mumbai Nord, alle porte dello slum di Jamrushi Nagar, ha sede l'associazione *Un Toit à Bombay* di cui l'impresa sociale Ferrero sostiene l'attività. Gestita da una piccola organizzazione francese, si trova nel quartiere di Malad East a Mumbai, e accoglie circa sessanta tra bambine e ragazze. Lo scopo è quello di dare un'educazione alle ragazze più povere e di accoglierle per il doposcuola sino al rientro in casa dei genitori, garantendone anche l'assistenza sanitaria, accogliendole a pranzo in mensa e fornendo loro il materiale necessario allo studio. Anima dell'associazione è Colette Battistini che svolge parte delle attività a sostegno dei bambini all'interno di un bus in disuso, per offrire loro un luogo sicuro e tranquillo dove giocare e imparare.

Anche in India, dunque, istruzione, tutela della salute, crescita educativa ispirano gli interventi sociali, sempre in stretta collaborazione con le istituzioni locali per l'analisi dei bisogni: a Baramati, nel novembre del 2014, è stato inaugurato il Kindergarden 'Pietro Ferrero', moderno presidio educativo per la prima infanzia, sul sito stesso dello stabilimento Ferrero (aperti ai figli dei dipendenti, ma anche al territorio). E fra il 2019 e il 2022, il sostegno del Progetto Imprenditoriale Michele Ferrero ai servizi educativi prescolastici nelle comunità rurali dell'area di Baramati si è tradotto nella costruzione di nuovi *anganwadi* («rifugio del cortile»), spazi educativi avviati dal Governo indiano nel 1975 all'interno di un programma per combattere fame e malnutrizione infantile.

Un volume curato da Caterina Ginzburg (edito nel

2012 e aggiornato nel 2019) ci presenta una galleria di luoghi, volti e voci. Racconta Pushpa Deokar, capo turno reparto Sorprese a Baramati: «Sono stata la prima impiegata in India. Grazie al mio lavoro ho ingrandito la casa della metà e ho fatto risistemare la parte originaria. Ho potuto pagare le cure e la degenza in ospedale per mio padre. Lui non è più con noi ma sono felice di averlo potuto aiutare fino all'ultimo. Lavorare alla Ferrero mi ha dato l'orgoglio di veder crescere l'azienda anche con la mia fatica e il mio impegno».

E Sagar Pawar, addetto al confezionamento di Tic Tac: «Ho seguito un corso di formazione in Ferrero, di sei mesi, per specializzarmi. Su di me e sul mio stipendio poggia tutta la mia famiglia. Ho ingrandito la casa e mi sono comprato una moto, soprattutto per andare alla fermata del pullman aziendale che poi mi porta al lavoro».

Per consolidare ulteriormente la presenza locale, il Progetto imprenditoriale Michele Ferrero si impegna a trasferire, con appositi corsi di formazione, il patrimonio di conoscenze direttamente agli abitanti dei luoghi dove opera.

In India, per esempio, sono stati coltivati i rapporti con i produttori piccoli e grandi di latte: questa risorsa viene portata a una cooperativa che funge da centro di raccolta. In quel paese il latte per metà non entra nel circuito della lavorazione ma è destinato all'autoconsumo o alla vendita all'interno del villaggio, spesso secondo la logica del baratto. Per esempio, a una quarantina di chilometri dalla Ferrero di Baramati, vivono e operano Santosh Vasant Kale e suo padre Vasant Sonaba Kale. Sono proprietari di una fattoria con duecentoventicinque mucche e con una produzione di circa duemila litri di latte al giorno. Quella dei Kale è solo una delle centinaia di fattorie che seguono questa filiera del latte, grazie alla quale Ferrero utilizza il latte in polvere per la sua produzione indiana. La possibilità di fornire il latte in eccesso ai centri di raccolta, che devono la loro sopravvivenza alla domanda delle industrie, rappresenta una fonte di reddito importante per i piccoli allevatori, un'opportunità che stimola forme di allevamento più strutturate, con maggiori possibilità di reddito, diffonde lavoro, migliora la qualità della vita dei villaggi rallentando i flussi migratori verso le città.

Sempre in India, a poca distanza dal sito di Baramati, fuori dalla Malegaon Sugar Factory, è facile vedere lunghe file ordinate di coltivatori di canna da zucchero che aspettano di poter depositare il proprio raccolto nello zuccherificio locale. Possono trascorrere giorni interi prima che i cancelli si aprano davanti al loro carro e venga il momento di ricevere finalmente la paga per il raccolto.

In Costa d'Avorio, Ferrero incentiva l'agroforestazione, un sistema che fa coesistere nello stesso terreno zone agricole, piante da frutta, alberi e animali, promuovendo la biodiversità. Dal 2018 al 2019 l'azienda albese ha distribuito più di cinquecentomila alberi e ha organizzato la formazione di trentamila coltivatori.

La ricerca delle migliori materie prime in grande quantità e di qualità, nel rispetto rigoroso di criteri etici, ha portato Michele Ferrero nei luoghi più lontani ma strategici del pianeta. Spiega suo figlio Giovanni: «L'inizio è la parte più importante di ogni lavoro. L'inizio, per noi di Ferrero, è negli ingredienti: è fin dalla fase del loro approvvigionamento che, mettendo da parte ogni compromesso, cominciamo a predicare il verbo della qualità. La forte passione per l'eccellenza nella qualità, a partire dagli ingredienti, ci è stata infusa da mio padre,

Michele Ferrero. Era lui a sollecitarci, sempre e fortemente, alla ricerca delle migliori materie prime, della loro preziosità e tracciabilità, affiancando un forte senso di responsabilità per le persone e per il Pianeta. La nostra visione si racchiude nel motto 'Condividere valori per creare valore'. In particolare prestiamo puntuale attenzione alle condizioni ambientali e sociali che caratterizzano la produzione nelle filiere agricole riguardanti la nocciola, il cacao, il karité, la canna da zucchero, il latte, l'olio del frutto di palma. Sappiamo che le materie prime che caratterizzano la produzione sono prodotte in aree rurali: lo sviluppo di tali aree, attraverso buone pratiche sociali, è il vero *driver* per aiutare i contadini, i lavoratori e le proprie famiglie».

In queste località, e altrove nel pianeta, Michele Ferrero si reca personalmente per avviare i contatti preliminari con i produttori. Uno di questi viaggi pionieristici riguarda la Turchia, principale fornitore delle nocciole (il settanta per cento di questa risorsa viene da lì, dove le nocciole maturano a settembre). Spiega Arduino Borgogno: «L'Italia produce quarantamila tonnellate di nocciole all'anno. Di queste, buone per l'uso sono venticinquemila, quindi tutte le colture e i prodotti in Italia coprirebbero un quarto della necessità aziendale, perché Ferrero ne richiede centodiecimila di tonnellate: ecco quindi l'esigenza di fornirsi all'estero».

Cuneyd Zapsu è il General Manager della società Balsu, fornitrice di nocciole al Gruppo Ferrero dal lontano 1982: il più longevo fornitore di materie prime del Gruppo Ferrero. Zapsu ricostruisce la visita di Michele Ferrero per il varo della 'campagna turca'. L'episodio rispecchia pienamente la personalità dell'imprenditore arrivato da Alba.

«Nel settembre 1982 la mia azienda ha consegnato le sue prime nocciole a Ferrero per lo stabilimento di Allendorf. Qualche anno dopo, allo stabilimento tedesco si è aggiunto quello di Alba. Nell'anno successivo all'incidente nucleare di Chernobyl del 26 aprile 1986, abbiamo fornito nocciole sicure, che ai controlli specifici erano risultate prive di radiazioni. Così avvenne che Michele Ferrero arrivò a chiedermi, accompagnato dai collaboratori Chiesa e Dogliotti, di collaborare stabilmente con la sua azienda: nel 1988 Ferrero divenne partner al cinquanta per cento della mia impresa.

«Per due volte ho avuto il piacere della compagnia del signor Michele. Il nostro primo incontro ha avuto luogo nella nostra vecchia fabbrica di Celaliye alla fine degli anni Ottanta. Allora ero un giovane direttore generale di Balsu ed ero molto orgoglioso delle macchine smistatrici ottiche che stavamo utilizzando. Con grande orgoglio gli ho offerto delle nocciole appena tostate e non dimenticherò mai la sua reazione. 'Ben fatto' disse con un cenno del capo, 'ma sa di patate!' Ero devastato. Aveva paragonato le nostre nocciole a delle patate – patate buone, ma pur sempre patate! Cominciò così un processo di selezione e di tostatura con tecniche più efficaci da lui consigliate fino a raggiungere la qualità richiesta per i Ferrero Rocher… e il profumo di noci anziché di patate.

«Il secondo incontro è avvenuto in un elicottero della Guerra Fredda. Era l'inizio degli anni Novanta ed era venuto a visitare i noccioleti sulla costa del Mar Nero. In quegli anni non c'erano aeroporti nelle regioni che volevamo visitare e l'unico mezzo che poteva essere noleggiato con un raggio sufficientemente lungo era un vecchio elicottero militare sovietico. È stato un volo molto lungo e molto rumoroso. Nessuno di noi poteva sentirsi al di sopra del frastuono delle eliche. Anche dopo essere scesi, ci siamo guardati tutti in volto da vicino, cercando di comunicare a gesti poiché le nostre orecchie stavano ancora rimbombando. Con gratitudine ci capimmo in pieno: perché sia i turchi che gli italiani sono bravi a usare le mani per spiegarsi».

Il signor Michele vara anche un piano di utilizzo dei prodotti di scarto del ciclo produttivo: in Italia e in Turchia i gusci sono utilizzati per la produzione di energia, mentre ulteriori studi vengono attivati con docenti e ricercatori universitari per approfondire il riutilizzo non solo dei gusci ma anche della cuticola, la pellicina che avvolge la nocciola, che si è scoperto essere ricca di polifenoli preziosi con effetti benefici sul sistema immunitario, cardiovascolare e nella lotta alle malattie metaboliche e alla degenerazione cognitiva. La partnership si rivelerà proficua nonostante le difficoltà che ciclicamente l'azienda turca dovrà affrontare, come le gelate del 2004 e del 2014, a seguito delle quali il signor Ferrero farà studiare e testare tutte le possibili alternative alle nocciole (tutti piani B mai usati).

«Ricordo il signor Michele Ferrero come un gentiluomo molto disciplinato, gentile ma diretto al punto, sempre leale con tutti i suoi soci in affari. Mi sento molto onorato di averlo conosciuto» conclude Zapsu.

Sull'asse Alba-Turchia crescono anche altri progetti collaterali. La Ferrero, in collaborazione con l'Organizzazione internazionale del lavoro, contribuisce con quattro milioni di dollari a un progetto in Turchia mirato a evitare che i minori vengano utilizzati nella raccolta stagionale delle nocciole. Perché, sostiene Michele, «crescere è l'unico lavoro che spetta ai bambini».

Come Zapsu, sono decine di migliaia i fornitori piccoli e grandi di materie prime che costituiscono la rete virtuosa dell'azienda di Alba. In Turchia viene varato un corso di formazione per i contadini dopo aver scoperto che un ettaro di noccioleto in Cina produce tremila chili, mentre in Turchia appena seicento. Racconta Borgogno: «Le condizioni che il signor Michele poneva erano di verificare la qualità della materia prima, la tracciabilità, la sostenibilità e il rispetto dei diritti umani, in modo particolare NO al lavoro minorile. Mai una volta mi ha chiesto di fare economie sulle materie. Perché 'il fornitore' diceva, 'va trattato come un partner da far crescere, e se il partner cresce si vince insieme'».

Con questa filosofia affronta i complicati problemi che spesso incontra nel mondo nel dare vita ad aziende agricole per la coltivazione diretta di nocciole in territori che presentano caratteristiche adatte (per humus, clima, cultura della comunità contadina): questi progetti assicurano alla Ferrero l'approvvigionamento di nocciole, ciliegie e frutti di qualità costante durante tutto l'anno.

Per rimanere sulle nocciole, i frutti provengono dall'altro emisfero, quello sud, in cui i raccolti si svolgono da febbraio a marzo, opposto a quello dell'area tradizionale del nocciòlo dove invece le nocciole si raccolgono da agosto a fine settembre. Nascono così le varie aziende precedute dal prefisso Agri- per la coltivazione diretta delle nocciole in Cile, Argentina, Sudafrica, Georgia, Australia e Serbia.

Nasce così l'investimento in Cile, un progetto avviato attraverso la consociata Ferrero Germania, e ampliato disegnando una rete di ampliamento dei produttori dai quali rifornirsi. In Cile frutteti e vigneti sono di casa, ma non i noccioleti. Lì fa venire i migliori agronomi, pianta noccioleti su trecento ettari nel primo anno, su altri centocinquanta nel secondo. Poi chiama gli agricoltori cileni, vicini dei suoi campi, e propone loro: «Se anche voi piantate nocciòlo europeo, io faccio tre cose: 1) anzitutto vi fornisco, senza sovraprezzo, le piante della migliore qualità e della migliore resa, le nocciole Piemonte Igp; 2) vi do il *know-how* per piantare gli alberi e vi presto gratuitamente i macchinari; 3) mi impegno ad acquistare tutto il raccolto».

Dopo trent'anni gli ettari acquistati all'inizio degli anni Novanta sono diventati ventiquattromila e il Cile è diventato il quarto maggiore esportatore al mondo di nocciole dopo Turchia, Italia e Spagna.

«Abbiamo capito subito che si trattava di un'alternativa valida per questa nostra zona» testimonia Max Hamdorf, coltivatore in Camarico, Cile. E aggiunge: «Prima ci dedicavamo alla coltivazione di cereali e all'allevamento; grazie a Michele Ferrero abbiamo riconvertito questo terreno per il nocciòlo. Entrare nel mondo del nocciòlo ha rappresentato un cambiamento importante e positivo perché ci ha permesso di diversificare l'attività e di imparare a coltivare la frutta. Oggi siamo soddisfatti della scelta fatta».

Ma la svolta non è soltanto limitata al cambiamento di coltura. Con Ferrero arrivano anche innovazioni tecnologiche. «L'irrigazione a pressione ha permesso lo sviluppo agricolo anche in aree classificate come aride, in cui l'acqua è scarsa o totalmente assente e non permette coltivazioni tradizionali. Questo ci ha consentito di esplorare nuove superfici che il piano di sviluppo nazionale non considerava idonee. Così, grazie al sostegno di AgriChile abbiamo visto la produzione aumentare da millecinquecento a duemilacinquecento chilogrammi per ettaro. La mia sensazione è che in questa regione il futuro sia roseo per lo sviluppo del nocciòlo».

Con grande soddisfazione anche degli amministratori locali. Dice il sindaco di San Rafael, Claudia Diaz: «AgriChile ha garantito occupazione alla popolazione locale, che non è stata costretta a emigrare in altre regioni o a Santiago. Con i novecentocinquanta ettari piantati da AgriChile nel nostro comune diamo lavoro a una sessantina di persone durante tutto l'anno e arriviamo fino a duecento nel periodo della raccolta. La nocciola ha permesso di aprire nuovi orizzonti e nuove opportunità».

Sempre in Sudamerica, in Ecuador, Borgogno racconta di un'esperienza portata avanti con una cooperativa inventata da un italiano, padre Graziano Manzoni, per aiutare i produttori locali che prima vendevano ai trafficanti il loro raccolto di cacao. Con l'accordo stipulato con la Ferrero ottiene il novanta per cento in più di quello che guadagnavano prima. «Abbiamo tentato anche con una comunità di indios Achuar, cinquemila persone, che abitavano in Amazzonia, al confine con il Perù, ma il tempo del trasporto era troppo lungo e le materie prime arrivavano deteriorate a destinazione. Abbiamo lavorato tre anni, assaggiato e provato tanti frutti, come, per esempio, i semi di sesamo: per il signor Michele erano un frutto benedetto, che avrebbe potuto darci grandi soddisfazioni».

Dal Sudamerica alla Georgia, terra che in anni recenti ha registrato situazioni di tensione e conflitto armato. Dice Rusudan Danaselia, responsabile risorse umane di AgriGeorgia: «Qui l'inizio non è stato facile. Era infatti necessario ripristinare le strade e il sistema elettrico, formare il personale, garantire salute e sicurezza sul lavoro. AgriGeorgia per molti di noi ha significato non solo avere lavoro, ma l'inizio di una nuova vita».

Missioni che possono dare la sensazione di viaggi esotici, ma che talora registrano complessità elevate. Domenico Dogliani, storico 'ministro degli Esteri' della Ferrero, racconta che nel 1973, nel Congo sconvolto dal secondo colpo di stato di Mobutu, «le società belghe che commerciavano in grassi vegetali erano state tutte nazionalizzate. Tutti i contratti di grassi vegetali volatilizzati di colpo! Per la Ferrero era un dramma. Il signor Michele Ferrero ritenne di mandare me immediatamente in Congo per cercare di fare accettare dal nuovo Governo di Kinshasa i contratti stipulati con le società belghe. Questo incarico fin da subito si manifestò di una difficoltà estrema, in un ambiente ostile e pericoloso sotto tutti i punti di vista, a cominciare dalle comunicazioni con i vertici di Alba, poiché dopo il golpe tutti i telefoni erano sotto controllo... Per non farmi capire, parlai in *langhetto* stretto e sfido chiunque a tradurlo. Fu una settimana molto difficile e delicata, con non pochi rischi e 'sufficiente' paura di sbagliare qualcosa. Ma alla fine portammo a casa i risultati che il signor Michele Ferrero sperava».

Quelle missioni vedono Michele sempre in prima fila. A volte la destinazione non è esotica, ma riserva comunque dei pericoli: «Come quando, in visita a un piccolo podere collinare sulla Costiera amalfitana, a piedi e percorrendo sentieri appena accennati, Michele mi disse: 'Accompagnami, voglio andare a vedere quei limoni lassù. Mi sembrano più belli'. Scivolammo due volte durante la salita, ma alla fine raggiungemmo l'obiettivo come sempre. Ricordo ancora il profumo di quei frutti» racconta Borgogno.

Anche in quel caso si rivela l'interesse spasmodico di Michele Ferrero per le materie prime, come ricorda Gianlorenzo Seletto: «Per esempio del limone non si accontentava di sapere che era acquistato, che so, dalla Calabria o dalla Costiera amalfitana: voleva sapere a che livello del mare era stato coltivato, se era esposto al sole o no, poi voleva sapere se duecento metri più in alto c'erano altri limoni magari con un sapore diverso, più buono, insomma la scelta finale diventava una scelta derivante dalla conoscenza straordinaria della materia prima. Se volevi conoscere tutti i particolari di un mandarino indiano, lui te li raccontava con dettagli sorprendenti. Definiva il prodotto 'un'orchestra' e ogni materia prima dovevi accordarla in base allo spartito di quella orchestra. Ma attenzione: il tuo prodotto può essere una canzone sì orecchiabile, ma che rischia di durare una sola estate, oppure una grande opera come *La traviata*, che resta per sempre».

Per finire la rassegna delle attività promosse da Ferrero per i giovani, non possiamo non citare le molteplici iniziative che coinvolgono anche un milione e quattrocentomila bambini di trenta Paesi. È il progetto *kinder joy of moving*, un progetto internazionale di responsabilità sociale, interamente sviluppato dalla Ferrero per promuovere l'attività motoria tra i giovani. In Italia il ministero della pubblica istruzione ha autorizzato la pratica del *joy of moving* in tutte le scuole.

E una scuola speciale è da poco nata anche nella vecchia cascina Salera, sulle prime colline vicino ad Alba, comprata da Pietro e Piera nell'immediato dopoguerra con i primi risparmi, oggi ristrutturata su impulso della signora Maria Franca Ferrero.

«Eccola». Bartolomeo Salomone mi guida nella visita di una casa a un piano, una cascina appunto, ora molto grande, con stanze aggiunte, su una collinetta completamente circondata da nocciòli: è dedicata alla formazione dei giovani ferreriani, «che qui possono calarsi nella storia, alle origini del nostro Gruppo».

27
Come le ciliegie

Anni Duemila

Pochi sanno di un progetto, frutto della passione e della curiosità di Michele Ferrero per alcune macchine, che non ha nulla a che fare con la produzione di generi alimentari.

Gianni Mercorella, che per vent'anni lo ha affiancato come segretario personale, ricorda che nel 2004, poco dopo la morte dell'Avvocato Agnelli, il signor Michele convoca due dei migliori ingegneri che ha in azienda, Eugenio Caruso e Giovanni Chiosso, e chiede loro di impegnarsi a realizzare il prototipo di un'utilitaria da donare alla Fiat. Dall'impegno nell'officina di Alba nasce la *Cittadina*: «una piccola vettura per uso urbano basata sul modello della Cinquecento ma con innovazioni che la rendevano più facile per viaggiare in città e comodissima da parcheggiare: la *Cittadina* era capace di spostarsi lateralmente girando le quattro ruote di novanta gradi e, grazie a ruotini di gomma che fuoriuscivano durante la manovra, evitava di ammaccare le altre auto. Oggi questo meccanismo, grazie a una centralina elettronica, ce l'hanno quasi tutte; ma allora era una novità assoluta».

Il signor Michele la brevetta e subito dopo la porta

in dono alla Fiat. In corso Marconi, a Torino, vanno in cinque: lui, Mercorella, i due ingegneri e l'ex generale e ascoltatissimo consulente Michele Schettino. Ad accoglierli c'è Umberto Agnelli, che a Ferrero è molto simpatico, affiancato da Luca Cordero di Montezemolo. Michele esordisce: «Ho pensato di fare questo regalo a te e alla Fiat perché siamo imprenditori piemontesi entrambi e perché io ammiro la tua azienda tanto da avere tutta la flotta targata Fiat, una flotta seconda soltanto a quella dell'esercito italiano». Michele promette anche, se il prototipo nascerà, di acquistare i primi mille esemplari della *Cittadina.*

Umberto Agnelli non nasconde la propria commozione. «Abbracciò Michele assicurandogli gratitudine e l'interesse per il modello proposto. Raccolse il plico del progetto vero e proprio, non uno schizzo, a cui avevano lavorato i tecnici Ferrero, assicurando all'imprenditore del cioccolato che trasferiva volentieri il tutto ai suoi esperti del settore Auto». Ma la *Cittadina* alla fine non convince gli ingegneri Fiat: «fu scartata perché, a loro dire, sarebbe costata troppo e non avrebbe avuto mercato».

La testimonianza di Gianni Mercorella aiuta a capire la dinamica della creatività *full time* del papà della Nutella. Che, con l'avanzare degli anni, arriva a identificare persino la figura di un assistente privilegiato per le ore notturne, una sorta di... segretario pipistrello. Lo racconta Gabriele Bottero, già giovane capo prodotto e poi per quattro anni a fianco di Michele come segretario con compiti speciali: «Ero molto giovane e amavo il lavoro che facevo in azienda, alle dipendenze del dottor Nicola, poi nel 2009 sono passato alla segreteria di Michele Ferrero. Cercava qualcuno che potesse rendersi disponibile anche in orari non usuali: 'Ho bisogno di un segretario per coprire la parte notturna della mia attività progettuale'. Il signor Michele dormiva poco: poteva capitare che gli venisse un'idea, da codificare immediatamente, al mattino prestissimo. Ero abituato alle singolarità delle sue richieste: un giorno, nel periodo natalizio, sono partito per il Brasile con un pacco di prodotti da testare per quel mercato».

Loquace in azienda e con i suoi collaboratori, Michele continua a mantenere un riserbo totale nei confronti della stampa; scelta rara in un'epoca in cui lo sport più frequentato è l'apparire. La sua chiusura non risparmia nessuno, neanche le grandi firme giornalistiche che bussano alla sua porta. Racconta l'imprenditore enogastronomico albese Bruno Ceretto: «Nel 2004, per i quarant'anni della Nutella, Enzo Biagi è arrivato ad Alba sicuro di poter intervistare Michele, ma lui lo accolse con grande affetto senza però rilasciargli l'intervista a causa, spiegò, della sua 'immensa timidezza' e della preoccupazione di sembrare vanesio. E Biagi gli confessò: 'Con lei sono tre le persone che non sono riuscito a intervistare: le altre due sono Stalin e papa Giovanni Paolo II'».

Una riservatezza manifestata anche verso i vertici dell'Università di Torino, quando nel giugno del 1991 gli viene annunciata l'intenzione di consegnargli una laurea honoris causa in Economia e commercio. Michele manda due righe al preside della facoltà, Daniele Ciravegna, e all'allora vicerettore Oreste Calliano, ringraziando ma anche chiarendo la sua allergia ai riflettori: «Preferisco rimanere in disparte».

Una spiegazione la fornisce anche il cardiologo Gian Luigi Viglino, chiamato da Michele a costituire un team interno all'azienda per testare i prodotti: «Un giorno, per giustificare la sua riservatezza, mi ricordò il motto popolare *chi si loda s'imbroda.* 'Parliamo ai consumatori solo con i nostri prodotti' disse. Io gli replicai che chi non si loda può essere animato da un'avarizia dello spirito, dalla non generosità di trasmettere valori fondanti agli altri. Fu un bel match verbale».

Milano, 2005: una brava giornalista del *Corriere della Sera,* Elvira Serra, ci riprova. Sta incontrando personaggi ideali dell'Italia del terzo millennio e nel suo elenco figura, tra i primi, il papà della Nutella, che da decenni contribuisce a regalare felicità grazie alle sue nocciole, creme e praline. Qui il suo ricordo postumo, pubblicato sul quotidiano milanese poco dopo la scomparsa del signor Michele:

«Ferrero aveva già ottant'anni, quindi immaginai fosse meglio mandargli una lettera, piuttosto che provare a chiamarlo: di sicuro, se anche fossi riuscita a trovare il numero di una segretaria, non me lo avrebbero passato; e poi pensavo che avrebbe gradito una richiesta scritta, un po' all'antica.

«Mi presentai semplicemente, qualcosa tipo: mi chiamo Elvira Serra, lavoro al *Corriere della Sera,* mi piacerebbe moltissimo farle un'intervista, anche se so che lei è molto restìo a concederle. Aggiunsi un dettaglio personale: 'Io e il mio fidanzato abitiamo in città diverse, io a Milano e lui a Roma, ma quando siamo insieme facciamo colazione con la sua Nutella spalmata sul pane'. La mandai senza troppe speranze di ricevere risposta, ma sicura di aver fatto del mio meglio. Fu quindi con grande sorpresa che trovai nella mia cassetta delle lettere qui al giornale una lettera con il timbro postale di Montecarlo. Dentro c'era la risposta di Michele Ferrero, firmata a mano. Era datata Monaco, maggio 2005. Eccola:

Gentile Signora, Le sono grato per il cortese invito a rilasciar-Le un'intervista per l'autorevole quotidiano cui Lei collabora. Peraltro, come Lei stessa scrive, mi sono fatto una regola di non darne. Le interviste sono come le ciliegie: se si comincia con una, è poi difficile resistere alle altre. E io sento di dover invece continuare a concentrarmi nel lavoro che mi appassiona di più: la ricerca di prodotti sempre nuovi, che incontrino il favore dei consumatori, come la Nutella da Lei gentilmente ricordata. Un augurio cordiale a Lei e al Suo fidanzato.

Seguiva la firma, a penna.

Apprezzai la grande cortesia, così rara oggi, di essersi preso la briga di rispondere personalmente, dandomi l'idea di aver letto davvero la mia lettera».

Eppure una grande intervista Michele Ferrero a un certo punto l'ha rilasciata. Bisogna risalire al primo giorno del terzo millennio, quando arriva in Ferrero una figura carismatica: Francesco Paolo Fulci, settant'anni, già noto per la brillante gestione del suo incarico di ambasciatore italiano presso le Nazioni Unite.

Legato a Michele e Maria Franca da un'antica amicizia personale e familiare, Fulci accetta la proposta di collaborare con il Gruppo dapprima come vicepresidente di Ferrero International e poi come presidente di Ferrero SpA dal 2011 al 2019.

«Al mio arrivo mi resi conto che quelli che erano i sogni di Adriano Olivetti, dell'ambiente armonioso in cui vivere, operare, lavorare in pace, con il benessere e la gradevolezza per tutti gli occupati, Michele Ferrero li aveva realizzati, a partire dalla Fondazione» ricorda.

Michele non gli nasconde la sua simpatia per Olivetti

e il suo pensiero, in particolare quando sosteneva che 'il termine utopia è la maniera più comoda per liquidare quello che non si ha voglia, capacità o coraggio di fare. Un sogno sembra un sogno fino a quando non si comincia da qualche parte, solo allora diventa un proposito, cioè qualcosa di infinitamente più grande'.

In un momento di intimità, Fulci si lascia andare a una considerazione: «Michele, tu in Italia stai facendo, nell'imprenditoria e nel campo della responsabilità sociale, cose che nessun altro ha mai fatto. Qualcuno le ha immaginate e seminate ai quattro venti, ma nessuno le ha concretamente realizzate. Tu sei veramente all'avanguardia perché hai visto con anticipo di almeno trent'anni quello che altri hanno scoperto dopo. Perché la Fondazione e quanto la Ferrero realizza nel mondo devono essere tenuti nella riservatezza? Far conoscere queste realtà sarebbe un insegnamento anche per gli altri. È un modello virtuoso, molto importante, e deve servire come esempio ai giovani imprenditori e non solo a loro».

Michele abbassa la serranda della sua ferrea riservatezza: «Paolo, per carità! Se io pubblicizzassi una cosa del genere sembrerebbe che voglia mettermi in mostra, far pubblicità alla mia persona. Ti rendi conto della ridicolaggine di una prospettiva del genere? Io la pubblicità la faccio sì, ma la faccio per quello che conta: e quello che conta sono i miei prodotti».

Eppure un giorno cede all'amichevole pressione di Fulci, che non si dà per vinto. Ferrero accetta di incontrare nello stabilimento di Alba, nell'agosto del 2010, l'allora direttore della *Stampa*, Mario Calabresi, ma a una condizione precisa: «Che l'intervista sia pubblicata soltanto dopo la mia morte». Un desiderio simile a quello che esprimerà a Fulci in occasione del generoso gesto di ricostruzione della grotta della Madonna di Lourdes devastata da un'alluvione.

Questi i punti chiave di quella intervista che Calabresi, mantenendo la parola data, ha dato alle stampe il 15 febbraio 2015, il giorno dopo l'annuncio della scomparsa del grande patriarca. Punti chiave di un documento che suggellano una vita unica e controvento.

Il mio segreto? Fare sempre diverso dagli altri, avere fede, tenere duro e mettere ogni giorno al centro la Valeria.

- *La Valeria è la padrona di tutto, l'amministratore delegato, colei che può decidere del tuo successo o della tua fine, quella che devi rispettare, che non devi mai tradire ma capire fino in fondo. La Valeria è la mamma che fa la spesa, la nonna, la zia, è il consumatore che decide cosa si compra ogni giorno. È lei che decide che Walmart sia il più grande supermercato del mondo, che decreta il successo di un'idea e di un prodotto e se un giorno cambia idea e non viene più da te e non ti compra più, allora sei rovinato. Sei finito senza preavviso, perché non ti manda una lettera dell'avvocato per avvisare che taglia il contratto, semplicemente ha deciso di andare da un'altra parte, di non comprarti più. La Valeria è sacra, devi studiarla a fondo, con attenzione e non improvvisare mai.*
- *Il prodotto che amo di più? Certo la Nutella, ma il Mon Chéri è il prodotto degli inizi, quello che mi emoziona ricordare. Era l'inizio degli anni Cinquanta e andammo in Germania, perché avevo pensato che il mercato del cioccolato dovesse guardare a Nord, dove lo consumano tutto l'anno.*
- *Ancora oggi all'inizio dell'estate noi ritiriamo tutto il nostro prodotto di cioccolato, per evitare che si sciolga, per evitare che la Valeria resti delusa e trovi qualcosa che non è all'altezza. Per evitare che ci associ con qualcosa di sciolto,*

di rovinato, con qualcosa che non vale la pena comprare. Per questo il trimestre estivo è il nostro periodo peggiore e per questo la missione che tanti anni fa ho dato ai miei figli è quella di colmare il vallo estivo, di inventare prodotti che diano alla nostra produzione e al nostro fatturato un'uniformità tutto l'anno.

– *Quando siamo arrivati in Germania era il dopoguerra, un Paese ancora pieno di macerie con i segni del conflitto (pensi che la fabbrica era in una serie di bunker bombardati...), triste, depresso, in cui gli italiani erano visti malissimo. Ci consideravano traditori, malfattori e infidi, convincerli a comprare qualcosa da noi era una missione quasi impossibile. Cominciai ad andare dai distributori con l'idea di vendere cioccolatini in pezzo singolo, con dentro il liquore e la ciliegia. Mi dicevano che bisognava fare delle scatole, non degli incarti singoli, perché solo quelle si potevano mettere sugli scaffali dei negozi e quelle si vendevano. Io rispondevo che stavano mesi sugli scaffali e le persone le compravano solo per le grandi occasioni, per fare regali. Io invece pensavo a qualcosa che risollevasse il morale, che addolcisse ogni giorno la vita dei tedeschi: c'era il cioccolato, la ciliegia e c'era il liquore che scaldava in quell'epoca fredda e con scarsi riscaldamenti. Qualcosa che avesse una carta invogliante, elegante, lussuosa, di un rosso fiammante, che desse l'idea di una piccola festa a un prezzo accessibile a tutti. Insistetti finché non trovai un uomo intelligente che si fece conquistare dalla mia idea. La Valeria tedesca aveva bisogno di essere confortata, di sentirsi bene ogni giorno, di potersi fare un piccolo regalo: poteva funzionare tra fidanzati, tra marito e moglie e non c'era bisogno di aspettare feste o ricorrenze. Poi in inverno feci mettere enormi cartelloni pubblicitari in ogni grande stazione della Germania, con un immenso mazzo di fiori che non sfioriva mai. Per Natale mi misi d'accordo con la Fiat e al centro delle dieci maggiori stazioni piazzai in bella mostra una Topolino rossa che avrebbe premiato i vincitori di un concorso legato al Mon Chéri. Fu un successo travolgente e l'anno dopo facemmo le cose ancora più in grande e mettemmo in palio dei diamanti.*

– *Pasqua tutti i giorni. Quale è stata l'intuizione che è sembrata più pazza ma che mi ha dato più soddisfazione? È successo anni dopo, in Italia, quando pensai che l'uovo di cioccolato non poteva essere una cosa che si vendeva e si mangiava una volta all'anno, a Pasqua. Però ci voleva qualcosa di più piccolo, che si potesse comprare ogni giorno a poco prezzo, ma doveva ripetere quella esperienza e allora ci voleva anche la sorpresa, ma in miniatura. Pensai alla Valeria mamma, che così poteva premiare il suo bambino perché aveva preso un bel voto a scuola, alla Valeria nonna che lo regalava per sentirsi dire: «Sei la più bella nonna del mondo» o alla Valeria zia che riusciva così a strappare al nipotino quel bacio e quell'abbraccio che faticavano sempre a conquistare. Ma così tanto cioccolato poteva preoccupare le mamme, allora pensai di rovesciare l'assunto tradizionale pubblicizzando che c'era «più latte e meno cacao», quale miglior sensazione per una mamma di dare più latte al suo bambino? Così mi decisi e ordinai venti macchine per produrre ovetti, ma in azienda pensarono di aver capito male o che fossi diventato matto e non fecero partire l'ordine. Poi chiesero a mia moglie Maria Franca se la firma sull'ordine era davvero mia, lei confermò, ma per far partire Kinder Ferrero, nel 1968, dovetti intervenire di persona. Le obiezioni erano fortissime, dicevano che sarebbe stato un flop, che le uova si vendevano solo a Pasqua e allora io sbottai e dissi: «Da domani sarà Pasqua tutti i giorni».*

- *Primo: innovare. Ecco cosa significa fare diverso da tutti gli altri. Tutti facevano il cioccolato solido e io l'ho fatto cremoso ed è nata la Nutella; tutti facevano le scatole di cioccolatini e noi cominciammo a venderli uno per uno, ma incartati da festa; tutti pensavano che noi italiani non potessimo andare in Germania a vendere cioccolato e oggi quello è il nostro primo mercato; tutti facevano l'uovo per Pasqua e io ho pensato che si potesse fare l'ovetto piccolo ma tutti i giorni; tutti volevano il cioccolato scuro e io ho detto che c'era più latte e meno cacao; tutti pensavano che il tè potesse essere solo quello con la bustina e caldo e io l'ho fatto freddo e senza bustina. L'Estathé per dieci anni non è esploso, ma io non mi sono scoraggiato, perché ero convinto che ci voleva tempo ma che l'intuizione era giusta e che la Valeria non sapeva ancora che era quello di cui aveva bisogno. Ma poi se ne è resa conto ed è stato un grande successo. Un unico rammarico: averlo lanciato solo in Italia, ma mi spaventavano con le indagini di mercato e non vollero portarlo in Francia e così oggi il mercato estero è già pieno di concorrenti. E poi ci inventammo uno scatolino morbido e leggerissimo che era una novità assoluta e la cannuccia…*
- *Ho potuto fare tutto questo per il fatto di essere una famiglia e di non essere quotati in Borsa: questo ha permesso di crescere con serenità, di avere piani di lungo periodo, di saper aspettare e non farsi prendere dalla frenesia dei su e giù quotidiani.*
- *La fede religiosa. Tutto quello che ho fatto lo devo alla Madonna, a Maria, mi sono sempre messo nelle sue mani e Lei devo ringraziare. La prego ogni mattina e questo mi dà una grande forza.*

28
La prima luce del mattino, l'ultimo bagliore di stella

Anni Duemila

Nel luglio 2010, Pietro Ferrero, figlio primogenito di Michele, riceve con il fratello Giovanni il prestigioso Winning Italy Award, Premio per l'Eccellenza italiana. In quella circostanza rilascia questa dichiarazione: «Come insegna la vita di tutti i giorni, in famiglia possono esserci punti di vista diversi ma alla fine tutto è orientato a far sì che la famiglia stessa cresca. Sono dialoghi costruttivi. A volte ci sono sicuramente idee diverse, ma se mi concede una battuta: di fronte a un barattolo di Nutella ci troviamo tutti d'accordo».

Meno di un anno dopo, il 18 aprile del 2011, Pietro preferisce saltare il pranzo con il padre e gli altri dirigenti del Gruppo venuti da Alba per progettare la realizzazione di uno stabilimento in Sudafrica sognato dal signor Michele. Si scusa con loro. Assicura che tornerà puntuale per la riunione fissata per le ore 15 a cui sarà presente anche il fratello collegato in videoconferenza dal Lussemburgo. Chiama la moglie Luisa per assicurarsi che lei e i tre figlioletti abbiano trascorso una buona nottata. Manda una telegrafica mail al suo consigliere fidato sui temi finanziari, Bartolomeo Salomone, per una curiosità sui titoli della giornata e, senza aspettare risposta, indossa la tuta, inforca la bicicletta e imbocca la strada che costeggia l'oceano Atlantico, tra Cape Town e Camps Bay.

Quella mattina gli occhi di Pietro sembrano, ai compagni di pedalata, più luminosi del solito. A tratti fissano l'oceano e la spiaggia di Camps Bay, che scorre ai bordi dell'altura, occhi che quando puntano sulle persone da seri diventano sorridenti. La bici è la sua passione: certo, una tessera nel mosaico degli sport che pratica. Buon golfista e surfista, ha disputato prove di motocross, ha fatto podismo e tennis, ha trasformato la sua passione per lo sport in impegno aziendale, a sostegno della promozione sportiva giovanile. Ma la bicicletta viene prima di tutto. Quante volte ha pedalato per le colline intorno ad Alba, spesso insieme a dirigenti e dipendenti del Gruppo? Quante volte ha sorpreso gli organizzatori di gare amatoriali in Piemonte, iscrivendosi pur richiedendo di usare uno pseudonimo? Ha addirittura scalato nel 2004, con il campione Ivan Gotti, l'iconico Mortirolo, una delle salite più dure del Giro d'Italia.

Ha buoni motivi, il dottor Pietro – la qualifica gli è dovuta per la laurea in Biologia presa a Torino con il massimo dei voti e la lode – per essere sereno. Una famiglia che stravede per lui, la moglie Luisa Strumia e i tre amatissimi figli, Michael, Marie Eder e John; la responsabilità di amministratore delegato condivisa dal 1997 con il fratello Giovanni; l'accoglienza calorosa da parte delle autorità di un Sudafrica liberato dai veleni dell'apartheid e avviato sulla strada del progresso; la stima accumulata nel mondo della finanza; l'amicizia di grandi spiriti langaroli come il sindaco albese Giuseppe Rossetto («Pietro? Un timido dal carattere forte e deciso, ama profondamente la sua città e lavora intensamente per portarla al centro della strategia di gruppo») o Carlin Petrini di Slow Food che di lui, generoso sostenitore dell'Università delle scienze gastronomiche di Pollenzo, dice alla *Stampa*: «Pietro è l'anima, l'albesità pura, l'erede squisitamente langarolo di Michele...»

Difficile prevedere i momenti successivi: il malore fulminante, il cuore che un infarto spezza per sempre, la caduta, i soccorsi immediati ma vani, il cardiologo Gian Luigi Viglino che accorre con il dirigente Beppe Veglio e con il padre Michele che li supplica: «Salvatemelo!»

«Maria Franca, il nostro Pietrino non c'è più»: così, poco dopo, Michele informa sua moglie. Dovranno affrontare la prova più dolorosa della loro vita, quella che nessuno è in grado di superare mai davvero: perdere un figlio. Pietro ha quarantasette anni, addirittura meno del nonno di cui porta il nome, quando anche lui era stato stroncato da un infarto cardiaco.

L'ambasciatore Fulci ricorda: «È stato il momento in cui ho visto Michele in maggiore difficoltà. Lui aveva sognato la convivenza armoniosa tra i due fratelli, all'uno aveva affidato la parte creativa e all'altro la parte commerciale».

«Quando sono stato chiamato in casa di Michele e della signora Maria Franca a Montecarlo» aggiunge il medico Bologna, «ho vissuto in prima linea il dramma della famiglia. Il signor Michele è tornato in aereo dal Sudafrica dove il figlio voleva mostrargli con orgoglio i passi avanti compiuti in quel lembo del mondo. Ha trascorso la notte a confortare la moglie e il giorno dopo ha imboccato una piccola strada che si snoda come un serpente tra gli ulivi dell'entroterra di Nizza per raggiungere il santuario di Notre-Dame de Laghet, in un monastero del Seicento, da tempo meta di pellegrinaggio dalla Provenza e anche dall'Italia del Nord. Lì Pietro e Luisa Strumia s'erano giurati eterno amore. Al rientro, Michele Ferrero sembrava un altro uomo. 'Non preoccupatevi, la Madonna del santuario mi ha detto che Pietro sta bene'. Un uomo senza una fede così forte non avrebbe potuto superare una difficoltà come quella della perdita di un figlio giovane, nel pieno della sua operosità».

Bartolomeo Salomone, presidente di Ferrero SpA: «Da quel giorno il signor Michele moltiplicò, se possibile, l'impegno in azienda. A tutti noi sembrava che lui avesse introiettato l'energia del figlio».

Giovanni, rimasto timoniere unico alla guida della Ferrero, continua a condurre con successo l'azienda multinazionale puntando a raggiungere traguardi ancora più ambiziosi, ma tenendo forti e vivi i valori e sentimenti, come la creatività e la generosità, l'ispirazione e la motivazione sociale fortemente condivisi con i genitori e con il fratello. Riportiamo un brano della sua orazione per il fratello perduto:

'Con la scomparsa di Pietro, niente è e niente sarà più come prima. Certo non per la nostra famiglia. Ma una cosa non cambierà: per noi, Pietro, sarai sempre i quattro punti cardinali dello spazio, la prima aurora del mattino e l'ultimo bagliore di stella della sera, le nostre radici più profonde e il nostro cielo più alto... Con orgoglio, tutti noi ti promettiamo di continuare a scrivere ancora pagine di successo di questa nostra opera. Tu ce lo ricordavi spesso: lavorare per creare e donare. A ogni pagina scritta, sarai lì ad aspettarci e abbracciarci; a ogni pagina scritta, ci ispirerai e consiglierai; a ogni pagina scritta, ci sorriderai e indicherai la strada. Sappi, Pietro, che oggi siamo più che mai determinati nel farlo, perché abbiamo una motivazione in più: farlo in tuo nome. I tuoi genitori, Pietro. Una donna che perde il marito è una vedova. Un bimbo che perde il papà e la mamma è un orfano. Ma per indicare dei genitori che perdono il figlio non vi è nome. È un dolore innominabile e innominato perché strazia; è un tarlo che rode; soprattutto è una sofferenza lancinante perché contro natura'.

18 maggio 2014. Michele festeggia i primi cinquant'anni del marchio Nutella con il francobollo che le Poste italiane dedicano al pane con la crema da spalmare e con una medaglia d'oro appuntatagli sul petto da *Forbes*, la rivista americana equivalente per i numeri uno aziendali a quello che la *Guida Michelin* è per i cuochi. L'imprenditore che in vita sua non ha mai messo piede a Wall Street o a Piazza Affari, non ha mai preso la parola in Confindustria e non è mai apparso in tv; l'imprenditore cui nessun appunto è stato fatto per bassi salari, lavoro minorile, sfruttamento delle materie prime, abuso di posizione, rilievi dell'Associazione consumatori; l'imprenditore che ha favorito un capitalismo armonico dalle ottime relazioni con il sindacato, viene indicato come l'italiano che ha creato più ricchezza.

Ma lui, l'uomo che bada più al tempo che ai soldi e che guarda con scarso interesse alle classifiche ma sempre con il gusto del futuro, ha la mente creativa impegnata su ben altro fronte: passare definitivamente il testimone al figlio Giovanni, perché la Ferrero continui a vincere con lui, depositario del suo DNA, e i nipoti Michael, Marie Eder e John con Michele e Bernardo. Come prova questa sua lettera al figlio:

Carissimo Giovanni,

ti indirizzo queste parole dettate dal mio profondo affetto di padre e dall'intenso desiderio di vedere per te un futuro in cui tu possa respirare l'atmosfera del successo che ti gratifica e ti rende felice.

È questo il grande sogno che alberga nel mio cuore: il sogno che nella tua vita professionale tu possa trovare le più grandi soddisfazioni e, nel contempo, attirare l'ammirazione del mondo che ti circonda.

Sono questi i sentimenti che mi spingono a dedicare tutte le mie energie al fine di aiutarti a costruire le basi del tuo futuro che sarà contrassegnato dal successo; nel contempo a trasferirti i risultati delle mie esperienze maturati in tanti e tanti anni di appassionato e intenso lavoro.

Sono stati anni duri e difficili segnati spesso da dolorosi eventi che hanno sconvolto il nostro sistema, creando seri ostacoli allo sviluppo della nostra Azienda. Ma nella mia profonda convinzione del valore dei nostri princìpi fondamentali e operando con spirito di sacrificio, ho affrontato e superato queste criticità consentendo al nostro Gruppo di proseguire il cammino verso il suo consolidamento e la sua espansione.

Sono dunque ancora questi princìpi i punti cardine della nostra azione che si esprimono nella Centralità del Prodotto… Sono certo che tu li accoglierai in tutta la loro portata, poiché rappresentano il fondamento che ci consente di guardare con fiducia al futuro della Ferrero.

Sono certo che tu accoglierai questi miei pensieri e che a essi adeguerai tutto il tuo impegno.

In te, caro Giovanni, io apprezzo fortemente la tua intelligenza, il tuo alto senso di responsabilità, la tua coscienza professionale e inoltre le tue attenzioni per le nostre Imprese Sociali che tu segui con tanta sensibilità.

Sono fattori fondamentali che, integrati dal tuo accogli-

mento delle mie raccomandazioni e dei miei consigli, ti porteranno ad acquisire il profilo professionale ed etico-sociale di un grande imprenditore.
Ti abbraccio calorosamente

tuo padre Michele

Venerdì 13 febbraio 2015, la Ferrero supera la Nestlé, diventando la terza industria dolciaria al mondo. Quel giorno, mi informa Giovanni Ferrero, Executive Chairman del Gruppo, lui riesce a comunicare al padre, ricoverato nella clinica di Montecarlo intitolata alla Principessa Grace, la notizia dello storico sorpasso.

«Bravo, erano anni che aspettavo questa giornata speciale. Se pensiamo al primo laboratorio in centro ad Alba, dove tutto ha avuto inizio» commenta papà Michele. «Prendi una bottiglia e brindiamo. E poi festeggia questo successo con le nostre sedi e i nostri stabilimenti sparsi in tutto il mondo. Festeggia la nostra comunità, la nostra famiglia allargata nel segno anche di tuo fratello Pietro, che continua a vegliare su di noi».

Il giorno dopo, sabato 14 febbraio, festa di San Valentino, poco dopo le ore 18, in singolare coincidenza con l'evento 'assaggi al cioccolato' all'Expo Gate a Milano, il leggendario inventore di tutti i prodotti Ferrero, a ottantanove anni, conclude il suo lungo viaggio terreno.

La camera ardente viene allestita nello stabilimento di Alba, a sinistra dell'ingresso principale, accanto alla statua della Madonna di Lourdes, nello stesso luogo in cui molti anni prima si usava celebrare la messa domenicale. La fila per salutarlo è interminabile. Nessuno di quelli che partecipa vede il volto di un amico, di un collega, di un cittadino albese, senza lacrime.

A Giovanni Ferrero, figlio e abilissimo timoniere di

tutto il Gruppo Ferrero che continua a crescere, tocca il saluto ufficiale.

Per anni mio padre Michele ha rappresentato per questa terra la dimostrazione viva e vibrante che l'ingegno italiano aveva qualcosa da dire al mondo. Aveva la sua da imporre, proprio da qui, dalle colline langarole. Lo ha dimostrato a suo modo come sempre, senza nessun inalberamento ideologico da falso profeta. Lo ha dimostrato parlando con i fatti, più eloquenti di qualsiasi parola, fatti che parlano da soli.

Per raccogliere delle visioni tanto sfidanti bisognava essere un imprenditore illuminato, un imprenditore progressista, prima di tutto un imprenditore capace di precorrere i tempi. Erano tanti i paradossi in lui, per noi che l'abbiamo conosciuto e frequentato, noi della famiglia che lo abbiamo amato e io figlio che l'ho amato come padre.

La contrapposizione fra tradizione e innovazione, tra locale e globale, tra massificazione e logica di nicchia; lo sappiamo, tutte le personalità d'eccezione nascono dall'incontro-scontro tra forze di segno opposto. Non vi è però dubbio come la forza al centro della sua personalità che ha sintetizzato questi opposti è stata una forza precipuamente ed esclusivamente di ordine morale. La fabbrica per l'uomo, non l'uomo per la fabbrica. Una concezione del lavoro che mette al centro il bene sociale prima, il profitto dopo.

Mi piace ricordare, forse per l'orgoglio di un figlio verso il proprio padre, che nella sua visione il primo bilancio della Ferrero non è mai stato quello depositato ogni anno presso il registro della Camera di Commercio Il primo bilancio per lui è stato sempre quello della responsabilità sociale che ha per obiettivo il rispetto delle persone che hanno lavorato e che lavorano per il gruppo, dell'approvvigionamento sostenibile delle materie prime, della protezione per l'ambiente.

Le persone che muoiono rimangono sospese in una sorta di aura di vita attraverso la quale continuano a occupare i nostri pensieri allo stesso modo di quando erano vivi.

Nessuno muore su questa terra finché vive nel cuore di chi resta.

Siamo fieri di te, Michele, e proprio per questo credo che vi sia un aforisma quanto più calzante di Sant'Agostino:

'Non rattristatevi per averlo perso, rallegriamoci per averlo avuto'.

A Expo, nei giorni successivi, viene presentato il Progetto Imprenditoriale Michele Ferrero in onore del suo ideatore. Quattro anni dopo, in consiglio comunale ad Alba, il sindaco Maurizio Marello in occasione del quarto anniversario della scomparsa di Michele Ferrero, a conferma che la sua vita continua nel suo progetto imprenditoriale, così si rivolge a Giovanni Ferrero, presente in aula: «Caro dottor Giovanni, sappiamo che come accadde per il suo papà, sulle sue spalle pesa la grande responsabilità di portare avanti l'opera paterna, con l'aiuto della mamma, il sostegno della sua bella famiglia… Proprio per questo oggi siamo qui non per domandarle quale sia il futuro della Ferrero, perché la risposta è nei fatti e i fatti ci dicono che la vostra azienda, il cui nome è conosciuto in tutto il mondo, è indissolubilmente legata a questa città e a questa terra. Sono invece qui, parafrasando indegnamente John Kennedy, a chiedermi e a chiederle che cosa possiamo fare noi per la Ferrero. Personalmente credo che noi dovremmo continuare a camminare insieme, come comunità coesa, avendo ben presente l'esempio del signor Michele che è lì a dirci di non vivere da mediocri ma di pensare in grande tenendo sempre i piedi per terra, a dirci di parlare poco e impegnarci a fondo con coraggio e con fiducia, a dirci che la nostra vita sarà piena nella misura in cui sapremo lavorare, creare e donare come ha fatto Lui e Voi con Lui».

Tre verbi speciali che hanno costituito la bussola di una vita, insieme a un monito costante: *Fare diverso da tutti gli altri.*

Oggi Michele riposa ad Alba nella tomba di famiglia, accanto al figlio Pietro e agli altri protagonisti della staffetta famigliare del lungo viaggio partito da Viaiano. È finito qui, nella capitale delle Langhe, il luogo a lui sempre caro che definiva «il cuore dove tutto è nato e dove tornare».

Uno sguardo al futuro

Intervista a Giovanni Ferrero

Nel 2020 la corsa del Gruppo portato da Michele Ferrero ai vertici planetari è continuata nonostante l'emergenza sanitaria mondiale. Ferrero International (centodieci società consolidate in cinquantacinque Paesi del mondo e trentadue stabilimenti produttivi, più sei aziende agricole per assicurarsi il controllo della qualità delle principali materie prime) ha chiuso il bilancio al 31 agosto 2022 con un fatturato di 14 miliardi di euro.

La crescita è guidata dai marchi iconici Nutella e Kinder e dai prodotti freschi, ma anche dal lancio di nuovi prodotti come Nutella Biscuits, creati nello stabilimento lucano di Balvano, protagonisti di un clamoroso successo sul mercato mondiale. L'organico al 31 agosto 2022 ammontava a 41.441 collaboratori, in aumento rispetto al 37.122 dello stesso mese nel 2020.

Per parlare di futuro, abbiamo incontrato Giovanni Ferrero, un incontro che inizia con una precisazione: «Non mi chiami presidente. Mi chiami signor Giovanni oppure dottor Giovanni, se vuole riconoscermi la laurea in marketing che ho faticosamente conquistato presso il Lebanon Valley College negli Stati Uniti o la laurea honoris causa dell'Università di Parma. Una laurea accettata, a differenza di mio padre che invece, come avevano già fatto Federico Fellini e Leonardo Sciascia, mandò una cortese rinuncia all'ateneo torinese che gliela aveva proposta».

Come si spiega che il Gruppo Ferrero sia uno dei pochi casi italiani e mondiali di grande impresa i cui fondatori, giunti alla terza generazione, detengono ancora il controllo totale della proprietà?

«Merito di un imprenditore come mio padre che, al di là del vuoto valoriale e affettivo che ci ha lasciato con la sua morte, ha sempre avuto l'ardire della speranza, una spinta interiore che l'ha accompagnato per tutta l'esistenza vissuta in una dimensione epica o eroica, alla quale non ha mai voluto venir meno. Credo che molti testimoni le abbiano dato un'immagine monolitica dell'imprenditore e della sua geniale creatività. Io posso aggiungerle che lui non ha mai tradito il patto fiduciario con le persone che facevano e fanno parte di questa impresa collettiva che è l'Azienda. La sua audacia della speranza era sorretta costantemente da una visione anomala. Lui ha sempre concepito una forma di capitalismo non predatorio, non rapace ma illuminato ed etico, moralmente rigoroso, irreprensibile nei comportamenti, convinto del ruolo decisivo che nella società ha la forza del bene. Se aggiungiamo a questa miscela virtuosa che l'ha contraddistinto anche la connotazione religiosa, possiamo capire perché la sua figura acquista nel panorama italiano una dimensione non dico unica ed esclusiva, ma certamente rara. Intuito e visione lo hanno fatto approdare su lidi sconosciuti, a opportunità inevase, a innovare categorie e prodotti. Questo rappresenta la sua unicità, per due dimensioni: una etica e morale e l'altra la genialità imprenditoriale per questa sua ricerca sempre della straordinarietà, della unicità eccellente dei prodotti. Le immagini che spontanee mi sorgono nell'evocare la sua figura, come per gli imprenditori della seconda generazione italiana degli anni Cinquanta e Sessanta, sono la fabbrica e il laboratorio, non gli uffici. Il suo vero humus imprenditoriale era celebrare la soavità del prodotto attraverso l'innovazione tecnologica e la ricerca. Lo vedo all'interno di quel guscio di vita appassionato della ricerca. Non posso parlare di una giornata particolare, ma ho vissuto con fervore dalla prima ora la grande esplorazione del progresso della tecnologia... quindi se devo pensare a qualcosa che io abbia condiviso con lui è questa passione imprenditoriale per la ricerca».

Se l'origine della fede nella Madonna di Lourdes era un segreto che custodiva gelosamente nel suo cuore, la trasmissione dei valori ai figli aveva una matrice pratica.

«Non come enunciazioni di principio o formule astratte, ma con esempi concreti, che accadevano nella vita quotidiana. In genere nei fine settimana a casa ci faceva partecipare alle sue scelte di ricercatore. Accelerava così la presa di posizione responsabile da parte di noi figli, ci incoraggiava ad avere un atteggiamento adulto nelle sfide che la vita pone, voleva farci crescere il più rapidamente possibile con quel tenace pragmatismo che era un po' anche tipico del periodo storico del dopoguerra e della cultura di provenienza. Lui è stato un po' figlio del miracolo economico italiano, convinto che fosse sempre realizzabile lo spingere al di là del possibile, che qualunque aspirazione al benessere fosse legittima, che il progresso fosse garante di un migliore tenore di vita rispetto alle condizioni di ristrettezza e di privazioni che avevano conosciuto lui e quelli della sua generazione». Ma la forza odierna del gruppo è anche e soprattutto quella del suo management, capace, coeso e internazionale. In primis, vorrei citare il nostro amministratore delegato, il dottor Lapo Civiletti, ispirato architetto della globalizzazione del gruppo come player mondiale. Con lui, tutte le figure apicali che compongono il Leadership Team.

I valori trasmessi da Michele si sono tradotti anche nella memoria di suo fratello Pietro?

«Il ricordo di mio fratello Pietro è rimasto vivo e ci aiuta a percorrere la strada maestra. Ripenso spesso alla sua fermezza ma anche alla sua dolcezza, al candore, all'amabilità del suo sguardo, del suo sorriso, alla luce dei suoi occhi. In lui ho sempre ammirato la capacità di giudizio, lo sdegno per la disonestà e la banalità, la lungimiranza, la forza del volgere lo sguardo sempre avanti, l'andare oltre, il vedere al di là. La sua perdita è stata grave per la nostra famiglia, per il mondo imprenditoriale e per l'intera comunità, perché lui era profondamente umano».

Sapeva degli esperimenti di Michele con le nocciole durante la scuola a Mondovì?

«No e lo trovo un particolare biografico curioso. Credo che questo segno precursore sia dovuto a nostro nonno Pietro, che era un inventore, aveva tratti eccentrici e originali, molto sui generis, dell'imprenditore della prima generazione, partito dalla pasticceria e approdato alla fabbrica. Papà Michele ha respirato l'aria del pioniere di famiglia, suo padre, che è stato anche lui un uomo di straordinaria modernità e in anticipo rispetto ai tempi».

Il penultimo giorno di vita di suo padre mi si dice che lei lo abbia vissuto nella stanza della clinica dove lui era in cura, dandogli l'annuncio del sorpasso della Ferrero sulla Nestlé… E che lui, rievocando a sua volta il suo primo giorno di lavoro ad Asti e il ritorno festoso dal padre Pietro, abbia detto: 'Festeggiamo, abbiamo vinto'.

«Sì, è andata proprio così. Posso testimoniare come diretto protagonista».

Che rapporto avevano i suoi genitori?

«Mia madre Maria Franca è stata la donna che, con passione e generosità, ha condiviso e contribuito all'avventura professionale e umana di suo marito, di mio padre. Le voglio molto bene».

Guardando al futuro, accanto ai positivi risultati di bilancio, il 2020 è stato anche l'anno che ha rafforzato la svolta *green* del Gruppo Ferrero verso uno sviluppo all'insegna della sostenibilità ambientale, economica e sociale.

«Ho impegnato l'Azienda su più fronti partendo dalla personale idea di responsabilità d'impresa trasmessa da mio padre, pioniere che con visionaria chiaroveggenza seppe rendere possibile l'impensabile. C'è un'antica metafora che mi aiuta a rendere più chiara questa idea. Tradizione e innovazione sono due elementi insostituibili del DNA Ferrero. La tradizione è come un arco. Più riusciamo a tirare indietro la corda, più riusciamo a scagliare in avanti la freccia della modernità, della visione, dell'innovazione. Il Gruppo Ferrero ha una solida, radicata *cultura del fare* che, grazie all'intraprendenza dei suoi uomini, ha generato straordinari marchi iconici che sono spesso diventati miti generazionali. Il forte senso etico, alla base della nostra cultura imprenditoriale, è la nostra catena del valore: ognuno di noi lavora e cammina lungo un percorso illuminato dalla passione, dalla dedizione e dalla determinazione che mettiamo nel prodotto, dalla sua realizzazione con altissima qualità e freschezza, dall'accurata selezione delle materie prime, dalle pratiche agricole sostenibili e iniziative a favore delle comunità locali, dall'attenzione e rispetto per la persona in ogni ambiente in cui ci si trova a operare, nel segno della comunicazione responsabile e trasparente, fino alla spedizione e alla consegna nei punti vendita dove brilla la luce e scalda il cuore dei consumatori. E più sappiamo tener viva questa luce lungo tutta la catena del valore, più saremo in grado di occupare sempre un posto unico nel mondo. Oggi l'approccio alla sostenibilità del Gruppo Ferrero si fonda sulla strategia di responsabilità d'impresa *Condividere valori per creare valore.* Per Ferrero la creazione di valore condiviso è una pratica che tocca tutte le fasi della catena del valore: passa per la cura delle persone che hanno fatto e continuano a fare la storia del Gruppo, per il sostegno alle comunità locali, per la promozione di stili di vita attivi tra i giovani e le loro famiglie, giungendo al forte impegno verso la salvaguardia e la protezione dell'ambiente. A quell'impegno costante verso i suoi dipendenti ed ex dipendenti e verso i consumatori si sono aggiunti alcuni obiettivi strategici ambientali: dimezzare in dieci anni le emissioni di gas serra; approvvigionarsi responsabilmente in aree che rispettino i diritti umani e pratiche sociali; protezione dell'ambiente e sostenibilità; trasparenza dei fornitori; rendere il proprio packaging cento per cento riciclabile, riutilizzabile o compostabile; usare solo olio di palma certificato».

Il mio impegno

di Giovanni Ferrero

Noi Ferrero, come azienda familiare, crediamo che il valore si crei costruendo fiducia reciproca e assumendosi le proprie responsabilità verso coloro che lavorano *con* e *per* noi. In un pianeta sotto pressione ecologica e sociale, è essenziale che le aziende si prendano cura delle loro persone e delle comunità in cui operano, estendendo il proprio raggio di azione alle catene di approvvigionamento.

I valori fondamentali che ci contraddistinguono ci hanno permesso di continuare a raggiungere i nostri obiettivi e a mantenere una solida continuità aziendale anche durante questo periodo difficile.

La sostenibilità è un fattore abilitante di questa continuità, la recente pandemia globale non ha messo in secondo piano altre questioni molto urgenti.

Cambiamenti climatici

In quanto realtà globale, abbiamo una forte responsabilità nell'affrontare l'emergenza climatica e nel limitare l'impatto ambientale delle nostre attività e nella nostra catena del valore. Abbiamo raggiunto la piena conformità con il Greenhouse Gas Protocol che stabilisce gli standard su come le organizzazioni dovrebbero misurare e gestire le loro emissioni di gas serra. Avere un quadro chiaro e completo dei nostri impatti in tutta la catena del valore è fondamentale per identificare le aree con le maggiori opportunità di ridurre le emissioni. Nel 2020 abbiamo lanciato i nostri nuovi obiettivi climatici: ci siamo impegnati a dimezzare tutte le emissioni derivanti dalle nostre attività (ovvero emissioni in gergo tecnico 'Scope 1 e 2') entro il 2030, utilizzando come anno base il 2018, e a ridurre complessivamente ('Scope 1, 2 e 3') le emissioni di gas serra del quarantatré per cento per tonnellata di prodotto nello stesso arco di tempo. Science Based Targets initiative (SBTi) ha convalidato gli obiettivi climatici dell'azienda. SBTi ha anche confermato che l'obiettivo di riduzione delle emissioni derivanti dalle proprie attività sia in linea con l'obiettivo di limitare il riscaldamento globale a 1,5 gradi Celsius, il traguardo più ambizioso dell'Accordo di Parigi. Stiamo facendo buoni progressi, a oggi già sedici impianti Ferrero sono alimentati al cento per cento con energia elettrica certificata rinnovabile, il che rappresenta quasi l'ottantacinque per cento dell'elettricità che acquistiamo per tutti i nostri siti produttivi nel mondo.

Approvvigionamento sostenibile

L'approvvigionamento sostenibile di ingredienti sicuri e di alta qualità è una nostra priorità assoluta. I vantaggi dell'approvvigionamento responsabile sono chiari: aiuta a garantire l'alta qualità che cerchiamo, riduce i rischi, stimola l'innovazione e promuove la trasparenza nelle nostre catene di fornitura. L'approvvigionamento sostenibile va anche a beneficio degli agricoltori da cui ci riforniamo e delle loro comunità: migliorando i mezzi di sostentamento, aumentando la resilienza finanziaria e aiutando ad affrontare problemi sistemici cruciali come il lavoro minorile e la deforestazione.

Abbiamo lanciato i nostri programmi Ferrero Farming Value (FFV) nel 2013 per raggiungere il traguardo di sviluppare filiere sostenibili per ciascuna delle nostre principali materie prime. Ogni programma FFV si concentra sulle principali aree di impatto della sostenibilità per ciascuna delle nostre principali materie prime, tra cui nocciole, olio di palma e cacao.

Il nostro lavoro sul campo in Paesi come la Turchia ci permette di essere in contatto diretto con i coltivatori di nocciole. I Ferrero Farming Values per le nocciole si concentrano su tre aree:
- diritti umani e pratiche sociali;
- protezione dell'ambiente e sostenibilità;
- trasparenza dei fornitori.

Durante la raccolta del 2021, i nostri team locali hanno visitato circa quattrocento frutteti al giorno, coprendo più di ventimila agricoltori. I frutteti che hanno partecipato hanno aumentato le loro rese di una media del quaranta-quarantacinque per cento rispetto ai frutteti non partecipanti nelle stesse zone. Questo fornisce migliori mezzi di sussistenza agli agricoltori. Per ottenere una maggiore trasparenza abbiamo collaborato con Sourcemap, attraverso la loro piattaforma avremo la possibilità di raccogliere dati chiave su prassi sociali e agricole, per fare in modo che le performance siano in continuo miglioramento. Inoltre, nel novembre 2020, l'Organizzazione Internazionale del Lavoro (ILO) e Ferrero si sono ulteriormente impegnati a realizzare un progetto pluriennale per contribuire all'eliminazione delle peggiori forme di lavoro minorile nell'agricoltura stagionale nella raccolta delle nocciole. Durante la raccolta del 2021, il programma FFV, in partenariato con ILO, ha contribuito a fornire attività educative a oltre cinquemila figli di lavoratori stagionali favorendone una crescita gioiosa.

Per le materie prime come l'olio di palma, per le quali non abbiamo la stessa presenza sul campo, siamo pienamente impegnati a garantire una catena di approvvigionamento di olio di palma senza deforestazione e sfruttamento. Lavoriamo con gli stakeholder e l'industria locale, per esempio siamo membri del Palm Oil Innovation Group (POIG) e della Roundtable on Sustainable Palm Oil (RSPO). Siamo orgogliosi di essere riusciti a ottenere il cento per cento del nostro olio di palma certificato RSPO segregato dal 2015. Grazie a questo, Ferrero è stata classificata tra la aziende più sostenibili del settore dal WWF nella sua Palm Oil Buyers Scorecard. Stiamo lavorando per applicare lo stesso standard alle recenti acquisizioni.

Recentemente abbiamo confermato il nostro impegno a utilizzare il servizio di monitoraggio e verifica satellitare Starling (gestito da Earthworm Foundation e Airbus) in tutte le nostre aree di approvvigionamento dell'olio di palma: questo ci permette di monitorare in modo affidabile e tempestivo il potenziale cambiamento dell'utilizzo del suolo in tutta la nostra catena di approvvigionamento ed, eventualmente, di intervenire. Inoltre nel 2020 abbiamo iniziato a lavorare con il Sustainable Agriculture Network (SAN) su un progetto pilota che mira a promuovere la gestione integrata dei parassiti (Integrated Pest Management, IPM) e le prassi di conservazione della biodiversità a livello aziendale per i produttori di olio di palma.

Nella nostra catena di approvvigionamento del cacao continuiamo a portare avanti e a incrementare il nostro impegno nella sostenibilità come parte del programma Ferrero Farming Values. Dopo aver raggiunto il nostro obiettivo di approvvigionamento, che prevede il cento per cento di cacao approvvigionato tramite standard di sostenibilità indipendenti alla fine del 2020, stiamo lavorando per garantire la piena visibilità e tracciabilità del nostro cacao in tutta la catena di approvvigionamento, nonché un'adeguata *due diligence*, dovuta diligenza.

Abbiamo inoltre rinnovato ed esteso la nostra partnership strategica con Save the Children, stanziando investimenti significativi per proteggere i bambini nelle comunità di cacao dell'Africa occidentale. Trentasettemila bambini e adulti e un totale di novantamila persone beneficeranno direttamente di questa partnership attraverso numerose attività di sensibilizzazione. La nuova fase della partnership permetterà di raggiungere sessantacinque nuove comunità nella regione ivoriana di Haut-Sassandra, dove Ferrero acquista una quantità significativa di cacao. Il programma, con una metodologia olistica, rafforzerà i sistemi di protezione dell'infanzia, aumenterà l'accesso all'istruzione e alla nutrizione di qualità, sosterrà lo sviluppo dell'intera comunità e la crescita sana di donne e adolescenti.

Packaging

L'imballaggio è una delle più grandi sfide per l'industria alimentare, l'eccesso di imballaggi e i rifiuti di plastica sono diventati questioni chiave e di interesse pubblico su scala globale. Il nostro packaging è un fattore essenziale dei nostri prodotti, in quanto ci permette di farli arrivare ai consumatori preservando le loro performance di gusto. Svolge un ruolo cruciale nel garantire la sicurezza e la qualità degli alimenti, nel ridurre lo spreco alimentare e nel comunicare informazioni trasparenti ai consumatori.

Circa il settantacinque per cento degli imballaggi che usiamo oggi è costituito da carta e vetro, e già circa l'ottantatré per cento dei nostri imballaggi è riciclabile, compostabile o riutilizzabile. Ci siamo assunti l'impegno di far salire questo numero al cento per cento entro il 2025. Ciò richiede una tabella di marcia complessa, poiché non accettiamo alcun compromesso sulla sicurezza alimentare dei nostri prodotti, e per questo, stiamo:

- investendo in R&S e Open Innovation;
- collaborando con altri gruppi industriali e richiedendo misure normative per sostenere l'estensione dei programmi di raccolta e riciclo domestici;
- sensibilizzando i consumatori su come favorire il passaggio a un'economia circolare, sfruttando il potere dei nostri marchi per fornire ai consumatori idee, conoscenze e strumenti;
- collaborando con gli altri. Abbiamo sottoscritto il *New Plastics Economy Global Commitment* sviluppato dalla Ellen MacArthur Foundation e stiamo collaborando a molte iniziative del settore come CEFLEX, RecyClass e How2Recycle.

A dicembre 2020 abbiamo lanciato la nostra prima iniziativa di riutilizzo degli imballaggi in Francia: grazie a una collaborazione con Loop – la principale piattaforma di riutilizzo – e Carrefour, i consumatori potranno acquistare in dieci negozi pilota e sul sito web di Carrefour un barattolo di Nutella riutilizzabile appositamente progettato, per il quale pagano un deposito. Carrefour raccoglierà poi i vasetti vuoti per il lavaggio e il riutilizzo.

Diritti umani e progetti sociali

Riguardo il nostro impegno sulla tutela dei diritti umani, la nostra *due diligence* si sta costantemente rinforzando, lavoriamo con numerosi partner per garantire che tutti coloro che lavorano nella nostra catena di approvvigionamento siano trattati con rispetto e dignità. La nostra politica sui diritti umani stabilisce i nostri princìpi e promuove la collaborazione con i nostri dipendenti, partner commerciali e stakeholder. Nel 2022 abbiamo pubblicato il nostro primo Human Rights Report.

Ferrero ha sempre ritenuto prioritario avere un impatto sociale positivo sulle comunità, i nostri progetti Kinder Joy of moving, la Fondazione Ferrero in Italia e il Progetto Imprenditoriale Michele Ferrero in Africa e India sono una dimostrazione del nostro impegno sul campo.

Kinder Joy of moving è il nostro progetto internazionale di responsabilità sociale costruito sulla forte convinzione che un'attitudine positiva nei confronti del movimento e dello sport possa rendere i bambini di oggi adulti migliori domani. Le iniziative si ispirano a *The Joy of moving*, un metodo educativo innovativo e scientificamente riconosciuto, e mirano a portare la gioia del movimento nella vita di ogni bambino, promuovendo l'attività fisica e uno stile di vita attivo in modo facile, coinvolgente e gioioso. Il progetto non si è fermato nemmeno durante l'emergenza Covid-19: Kinder Joy of moving ha rafforzato il suo obiettivo di essere vicino alle persone nonostante la parziale interruzione degli eventi *live*, non abbiamo mai smesso di diffondere i valori del nostro progetto e di proporre contenuti virtuali, suggerimenti e consigli per essere sempre al fianco delle famiglie e incoraggiare i genitori a fare movimento con i loro figli, anche a casa, raggiungendo ottantuno milioni di utenti social in tutto il mondo.

Nella sua componente sociale, la Fondazione Ferrero offre agli Anziani Ferrero (i collaboratori del Gruppo che abbiano maturato un'attività lavorativa di venticinque anni) una nuova concezione dell'anzianità, attraverso un programma di attività creative, ricreative, sociali e solidali, cui si accompagna la disponibilità di servizi di assistenza sociale e sanitaria. La Fondazione aiuta a vivere l'invecchiamento come occasione per scoprire nuove opportunità. Viene promossa un'idea diversa e positiva della terza età, un'epoca di ricchezza in cui viene valorizzato il capitale sociale dei singoli, il patrimonio di valori, esperienze, saggezza e umanità che contraddistingue la persona anziana. Inoltre, la Fondazione investe in iniziative culturali, educative, di formazione e di condivisione della conoscenza.

Le imprese commerciali Ferrero che partecipano al Progetto Imprenditoriale Michele Ferrero – in Africa e India – condividono l'obiettivo di realizzare profitti con uno spirito 'sociale', cioè creando opportunità di lavoro e realizzando iniziative umanitarie volte a salvaguardare la salute, l'educazione e lo sviluppo sociale dei giovani.

Si impegnano inoltre a realizzare iniziative filantropiche, in collaborazione con le autorità governative locali, incentrate sull'assistenza educativa e sanitaria ai bambini delle comunità locali che, finora, hanno incluso: la costruzione di asili e strutture sanitarie primarie; aule scolastiche per i bambini; strutture per la cura di madri e bambini; centri sportivi per le scuole rurali svantaggiate; la ristrutturazione delle scuole primarie; il finanziamento di seminari di sensibilizzazione per prevenire la diffusione di malattie infettive tra i giovani.

Niente di tutto questo sarebbe possibile senza le competenze e la dedizione delle nostre persone. Continuiamo a investire nella tutela della loro salute e la sicurezza, la loro formazione e la promozione di diversità e inclusione.

Principali impegni e KPIs

Materie prime

- 100% olio di palma certificato come sostenibile e segregato (Roundtable on Sustainable Palm Oil) dal 2015.
- 100% di cacao (fave di cacao e cioccolato) sostenibile proveniente da standard gestiti in maniera indipendente (Rainforest Alliance, Fairtrade, Cocoa Horizons) da gennaio 2021.
- 57% di tracciabilità del nostro approvvigionamento di nocciole entro la fine dell'esercizio 2020/21.
- 100% di zucchero di canna certificato come sostenibile per Bonsucro.
- 95% di uova *cage free* - cento per cento in Europa da agosto 2014.

Certificazioni di sicurezza alimentare

- Certificazione di sicurezza alimentare per i siti di produzione del gruppo (FSSC o altro standard locale).

Packaging

- 83% di imballaggi riciclabili, riutilizzabili o compostabili entro la fine dell'esercizio 2020/21. Obiettivo 100% entro il 2025.

Cambiamento climatico

- 100% di elettricità certificata rinnovabile acquistata in Europa e nel Regno Unito.
- Obiettivi climatici approvati Science Based Targets initiative (SBTi).
- –50% di emissioni di CO_2 dalle attività di proprietà (obiettivi 1 e 2) entro il 2030 (baseline 2018).
- –43% di emissioni di CO_2 per ogni tonnellata di prodotto fabbricata (obiettivi 1 +2 +3) entro il 2030 (baseline 2018).

Gestione dei rifiuti

- +97% dei rifiuti prodotti nei nostri stabilimenti recuperato.

Diversità e inclusione

- +5% delle donne in posizione manageriali a fine 2021 rispetto al 2015.

Ringraziamenti dell'autore

Ringrazio tutti coloro che hanno contribuito alla realizzazione di questo volume e che mi hanno dato l'opportunità di conoscere e vivere in prima persona la realtà dell'Azienda e della Fondazione Ferrero: in primo luogo, grazie agli incontri diretti, la presidente della Fondazione signora Maria Franca Ferrero e, da Bruxelles, suo figlio Giovanni, numero uno dell'Azienda. Esprimo la mia riconoscenza al Presidente di Ferrero Italia SpA e Segretario generale della Fondazione Ferrero, Bartolomeo Salomone; a Edoardo Borra e alla mia guida costante Gianni Mercorella che, con l'ex ambasciatore e presidente Fulci e altri, hanno finito il loro viaggio terreno durante la lavorazione del libro.

Gli Anziani della Ferrero, dirigenti e collaboratori, insieme ad amministratori comunali, si sono rivelati una cassaforte di notizie preziose: li accomuno in un abbraccio grato e augurale per avermi accolto nella loro 'casa' e messo a disposizione il loro tempo, le loro conoscenze e competenze e ogni fonte di informazione. Non mi è possibile nominarli tutti, però non voglio far mancare i principali nomi di coloro che hanno arricchito il mio diario di viaggio con i loro preziosi ricordi (che conservo nelle loro testimonianze integrali: un giorno spero di poterle aggiungere ai frammenti utilizzati per questa edizione): Giuseppe Addezio, Serafino Bindello, Enrico Bologna, Ettore Bologna, Arduino Borgogno, Gabriele Bottero, Franco Bruno, Antonio Buccolo, Campisi Tiziana e Giuliano, Moreno Cavalli, Bruno Ceretto, Giulio Coppi, Enzo Demaria, Pietro Diotto, Antonio Do, Domenico Dogliani, Amilcare Dogliotti, Franco Leopoldo Foglino, Walter Garrone, Francesco Garetto, Franco Genovese, Giuseppe Giachino, Sergio Giovannetti, Girardo Piero e Maria Pia.

E ancora: Gabriele Maletto, Giancarlo Mallarino, Ugo Teresio Marasso, Bruno Murialdo, Giandonato Nicola, Marco Pace, Ettore Paganelli, Roberto Peruzzi, Fabrizio Prest, Livio Previotto, Giovanni Raimondo, Gianfranco Raso, Giorgio Risi, Francesco Rivella, Beppe Rossetto, Renato Rosso, Morena Salvatore, Michele Sansoldo, Rino Schivo, Attilio Seghesio, Gianlorenzo Seletto, Marco Serra, Vincenzo Sibilla, Piercarlo Sibona, Mario Strola, Franco Truscello, Beppe Veglio, Bianca Maria Vetrino, Gianpiero Vietto, Gian Luigi Viglino e Tomaso Zanoletti.

La mia gratitudine va alla nota psicoterapeuta e scrittrice Maria Rita Parsi, per avermi incoraggiato e sostenuto in questa fatica letteraria, e anche a Ivana Sacco, Cristina Manzone ed Elisa Basso per avermi accompagnato con la loro disponibilità ed efficienza.

Mi hanno alleggerito nelle ricerche a Farigliano dipendenti comunali come Romana Gaiero e Francesca Mao e attori culturali come il regista Remo Schellino e, a Dogliani, con il sindaco Ugo Arnulfo, Chiara Boschis e Giulia Barroero.

Un grato riconoscimento va a Stefano Izzo, editor della Salani, al quale si deve la cura attenta dei testi.

Un pensiero speciale, infine, per mia moglie Manuela Cuoghi, che ha generosamente condiviso con me un anno di intenso lavoro e che riesce a farmi vedere il mondo con altri occhi.

Inserto fotografico

Salvo diversa indicazione, le fotografie qui riportate provengono dagli archivi della famiglia Ferrero, dell'Azienda e della Fondazione Ferrero.

Il signor Michele in una fotografia dei primi anni Sessanta. Foto Moisio, Torino.

Pietro Ferrero
(Farigliano 1898 – Alba 1949),
foto Agnelli, Alba.

Giovanni Ferrero
(Farigliano 1905 – Alba 1957),
foto Agnelli, Alba

Piera Cillario (Dogliani 1902 – Alba 1980), foto Moisio.

La prima pasticceria Ferrero, Alba, anni Trenta.

Uno dei primi reparti dello stabilimento di via Vivaro, 1946.

Le prime impastatrici, anni Quaranta, foto Agnelli, Alba.

La fabbrica distrutta dall'alluvione del 1948.

A lavoro in pullman, anni Cinquanta, foto Beppe Viglino, Alba.

Un furgoncino per la distribuzione negli anni Cinquanta. Sulla fiancata è visibile il marchio che raffigurava un sorridente Gianduja accompagnato da due bambini.

I venditori della Ferrero insieme al signor Ferrero, anni Cinquanta.

Michele Ferrero con lo zio Giovanni, anni Cinquanta, foto Beppe Viglino, Alba.

Michele Ferrero e Maria Franca Fissolo nel giorno del loro matrimonio a Savigliano, 1962, foto Moisio, Torino.

Maria Franca Ferrero con il piccolo Pietro, 1963.

Michele Ferrero davanti al centro direzionale di Pino Torinese, 1965, foto Mosio.

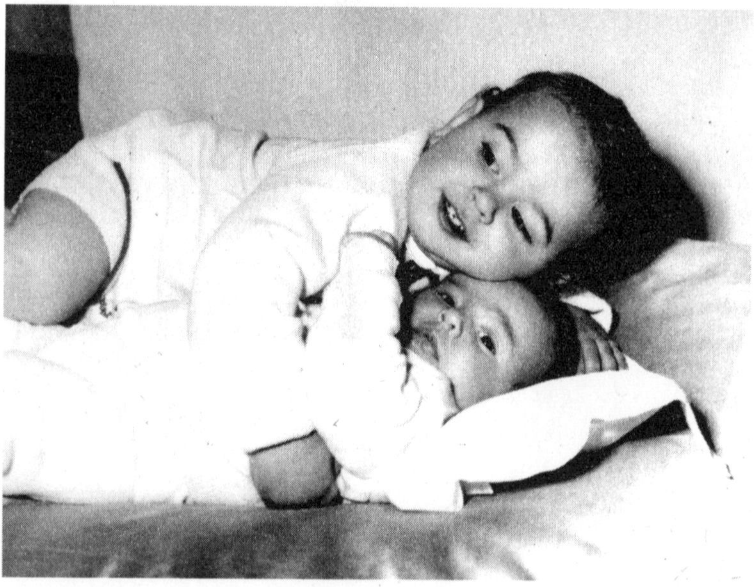

I fratellini Pietro e Giovanni Ferrero, 1964.

Piera Cillario Ferrero con i due nipotini Pietro e Giovanni, Alba 1965, foto Beppe Viglino, Alba.

Michele Ferrero riceve il Presidente del Consiglio Aldo Moro in visita allo stabilimento Ferrero, 1967, foto Beppe Viglino, Alba.

Piera Cillario stringe la mano al Presidente Moro di fronte a un sorridente Michele, foto Beppe Viglino, Alba.

Il treno dei bimbi, foto Beppe Viglino, Alba.

Il nuovo magazzino automatico, Alba 1972, foto Beppe Viglino, Alba.

Michele Ferrero coi figli Giovanni e Pietro premia una dipendente, 1978, foto Beppe Viglino, Alba.

Alba, 28 settembre 1985: alla presenza della famiglia Ferrero, si inaugura la sede dell'Opera Sociale, poi Fondazione Piera Pietro e Giovanni Ferrero. Foto Beppe Viglino, Alba.

I danni dell'alluvione dell'autunno 1994.

Pietro Ferrero ringrazia i dipendenti per l'impegno nel rimettere in piedi la fabbrica dopo l'alluvione, foto Nicola Blundo, Alba.

La famiglia Ferrero nel 1995. Da sinistra in alto: Giovanni, Pietro, la signora Maria Franca e il signor Michele.

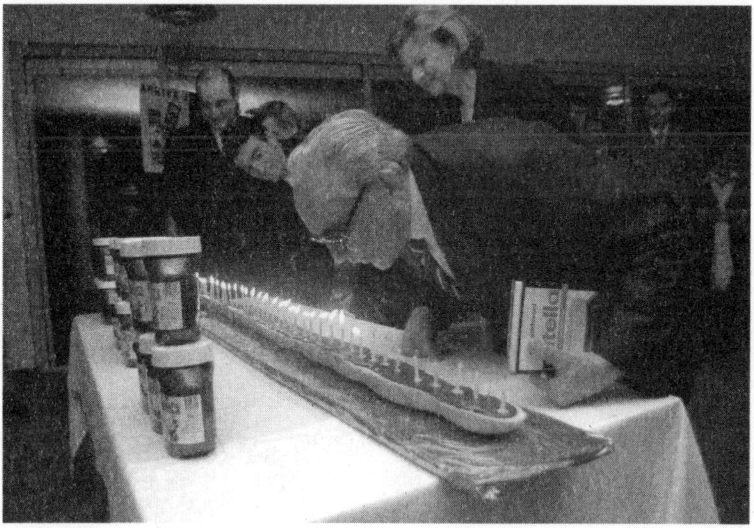

Michele Ferrero festeggia i 40 anni della Nutella, 2004, foto Bruno Murialdo, Alba.

Inaugurazione dell'attuale Centro ricerche 'Pietro Ferrero', nel complesso della ex filanda Pellisseri ad Alba, 29 settembre 2006: Michele Ferrero con la moglie Maria Franca e il figlio Giovanni. Foto Bruno Murialdo, Alba.

Il signor Michele applaude i nuovi Anziani Ferrero premiati in Fondazione ad Alba, 26 giugno 2010. Foto Bruno Murialdo, Alba.

Indice

Questo libro è stampato col sole

Azienda carbon-free

Fotocomposizione: Alessio Scordamaglia

Finito di stampare
nel mese di maggio 2023
per conto di Adriano Salani Editore s.u.r.l.
da Grafica Veneta S.p.A. di Trebaseleghe (PD)
Printed in Italy